高中健康教育

《健康教育》重编组

主　　编：黄明豪
副 主 编：潘　毅　王东胜
审　　定：陈连生　侯培森　钮文异
编 写 者：（以姓氏笔画排序）
　　　　　王民生　王东胜　王湘苏　李小宁
　　　　　李　靖　陈柱之　杨国平　黄明豪
　　　　　潘　毅
美　　术：许乐生

图书在版编目（CIP）数据

高中健康教育/《健康教育》重编组. —北京：北京大学出版社，2010.5

ISBN 978-7-301-16137-1

Ⅰ. 高… Ⅱ. 健… Ⅲ. 健康教育-高中-教材 Ⅳ. G479

中国版本图书馆 CIP 数据核字（2009）第 236820 号

书　　　名：高中健康教育
著作责任者：《健康教育》重编组
责　任　编　辑：郑月娥
封　面　设　计：林胜利
标　准　书　号：ISBN 978-7-301-16137-1/G·2721
出　版　发　行：北京大学出版社
地　　　址：北京市海淀区成府路 205 号　100871
网　　　址：http://www.pup.cn
新　浪　微　博：@北京大学出版社
电　子　信　箱：zye@pup.pku.edu.cn
电　　　话：邮购部 62752015　发行部 62750672　编辑部 62767347
　　　　　　出版部 62754962
印　　刷　者：三河市博文印刷有限公司
经　　销　者：新华书店
　　　　　　890 毫米×1240 毫米　A5　3.75 印张　75 千字
　　　　　　2010 年 5 月第 1 版　2018 年 3 月第 7 次印刷
定　　　价：12.00 元

未经许可，不得以任何方式复制或抄袭本书之部分或全部内容。

版权所有，侵权必究

举报电话：010-62752024　电子信箱：fd@pup.pku.edu.cn

重 编 前 言

健康素质是学生综合素质的重要部分,健康知识是学校教学的一项重要内容,健康素质的全面提高依赖于系统的健康教育课程。

中小学生正处在长身体、学知识、养成良好行为习惯的重要阶段,是接受健康教育的最佳目标人群。学校是开展健康教育的最佳场所。通过健康教育课程,有计划、有系统地对学生进行卫生保健知识教育,提高学生的健康素养水平,不仅可以使学生终生受益,而且对其父母、邻里、亲友和社会都会产生良好的影响。

本世纪初,我们编写出版了《中小学健康教育》系列教材。2008年底,教育部颁布了《中小学健康教育指导纲要》,明确了中小学阶段的健康教育内容包括五个领域,并根据儿童青少年生长发育的不同阶段,依照小学低年级、小学中年级、小学高年级、初中年级、高中年级五级水平,把五个领域的具体知识点,合理分配到五级水平中进行教学。同年初,卫生部颁布了《中国公民健康素养基本知识与技能》,明确了中国公民应掌握的基本知识、健康生活方式与行为、基本技能共66条。我们严格以教育部的《中小学健康教育指导纲要》为框架,以其中的知识点为核心内容,参考卫生部的《中国公民健康素养基本知识与技能》,结合各方面对原教材的使用意见,对本书进行了重编。

重编后,新的《中小学健康教育》系列教材仍为15册,其中:小学阶段12册,每学期1册;中学阶段共3册,分别适合于

初中、高中使用。

　　本书内容新颖、通俗易懂、图文并茂、重点突出、系统全面、科学实用,是按教育部《中小学健康教育指导纲要》编写的全国最新的一套健康教育教材。

《健康教育》重编组
二〇〇九年七月

目 录

高中(上)

第 1 课　艾滋病的流行与危害 …………………………（3）

第 2 课　艾滋病的传播途径 ……………………………（8）

第 3 课　青少年与预防艾滋病 …………………………（14）

第 4 课　不歧视艾滋病病毒感染者与患者 ……………（20）

第 5 课　青春期常见的发育异常 ………………………（26）

第 6 课　青春期性心理发育 ……………………………（32）

第 7 课　应遵循的基本性道德准则 ……………………（38）

第 8 课　驾驭性冲动这匹野马 …………………………（43）

第 9 课　情窦初开,切莫匆匆下爱河 …………………（48）

第 10 课　无偿献血助人利己 …………………………（53）

高中(下)

第 1 课　用《指南》指导日常膳食 …………………(61)

第 2 课　食品选购小常识 ……………………………(68)

第 3 课　人际交往的原则 ……………………………(73)

第 4 课　高中生的心理卫生 …………………………(78)

第 5 课　网络交友弊多利少 …………………………(83)

第 6 课　认识竞争,参与竞争 ………………………(88)

第 7 课　缓解压力,轻装上阵 ………………………(92)

第 8 课　面对挫折,战胜挫折 ………………………(97)

第 9 课　合理地宣泄与倾诉 …………………………(101)

第 10 课　考试时期常见的心理问题与应对…………(107)

高　中

（上）

第 1 课　艾滋病的流行与危害

一、艾滋病的流行

艾滋病于1981年由美国首先报道,据后来研究推测,人类出现首个艾滋病病人的时间也不会超过百年。但短短几十年的时间,艾滋病遍布全球五大洲,在世界范围内广泛流行。虽然,全世界众多研究人员付出了巨大的努力,但至今尚未研制出根治艾滋病的特效药物,也没有可用于预防的有效疫苗。艾滋病因其病死率高而被称为"超级癌症"。

1985年6月4日,一位美籍阿根廷人在我国旅游时死于艾滋病,这是我国大陆首次发现的艾滋病病人。从此,国土上又多了艾滋病这个"瘟神"。从少到多,到1998年我国已经没有一个省(自治区)能幸免于艾滋病。

从1985年算起,我国的艾滋病流行过程可粗略分成三个阶段。1985—1988年为传入期,每年只发现几个感染者,感染者多为外国人或海外华人,流行地区比较局限。1989—1994年为流行初期,感染者主要是我国西南边境的吸毒人群,流行范围逐渐扩大。1994年开始为快速扩散期,我国中部和东部的流动卖血等人群中发现大量感染者,云南、新疆、广西、四川等省(区)的吸毒人群中发生局部艾滋病暴发流行,一般人群中经性接触途径感染者越来越多。艾滋病的流行,从高危人群向一般人群扩散,呈现多渠道、多层面的态势,我国艾滋病的传播蔓延速度越来越快。虽尚处在低流行期,但我国人口密度高,流动人口多,艾滋病扩散的势头不小。据2007年估计,我国现有艾滋病病毒(HIV)感染者和病人不少于65万。艾滋病流行状况令人担忧。

艾滋病之所以如此难以控制,如此令人恐惧,主要有以下各种原因:

一是因为引起艾滋病的病原体——病毒,直接作用于人类防御系统——免疫系统,导致人体对外界的防护功能降低或丧失——免疫缺陷。

二是因为艾滋病病毒具有十分高明的欺骗伎俩。当艾滋病刚刚出现时,它主要是在男性同性恋、静脉吸毒者等高危人群中流行。这些人群相对独立和封闭,不被大众所接受。他们得病死亡被认为是咎由自取,玩火自焚。人们天真地认为,艾滋病是有高危行为的人才会得的病,与普通百姓无关,因此错过了控制艾滋病的黄金时期。

三是因为人类对艾滋病病毒普遍易感。不论种族,不论年龄,不论性别,一旦感染上艾滋病病毒,就会终生带毒,并能传染他人。

四是因为病毒多变。在每次自我复制产生新的病毒子代时,都会产生与原来抗原不同的病毒,让刚刚认识它的人体免疫系统又感到陌生了,所产生的抗体对它失去了杀伤力。这给艾滋病治疗和疫苗研制带来很大困难。

五是艾滋病潜伏期较长。艾滋病病毒感染人体后,开始没有明显的症状表现,此时称为艾滋病病毒感染者或艾滋病病毒携带者。当感染者的免疫系统受到严重破坏,不能维持最低的抗病能力时,各种病毒、细菌、真菌等就会乘虚而入,感染者常出现原因不明的长期低热、体重下降、盗汗、慢性腹泻、咳嗽、皮疹等症状,发生如腹泻、皮炎、肺炎、癌症等多种其他疾病,这时称为艾滋病病人。

一般来说,艾滋病病人肯定是艾滋病病毒感染者,而感染者却不一定都是病人。两者之间没有明显的界限,是一个逐渐发展的过程。从感染者发展成为病人,这段时间称为潜伏期,一般需要 7~10 年的时间。在这样一个相当长的时间里,艾滋病病毒感染者能像平常人一样

照常生活、工作,如果不去作专门的艾滋病抗体检查,自己根本不会想到已被感染,别人也看不出来,但却能将身体内带有的艾滋病病毒传染给其他人。美国篮球明星"魔术师"约翰逊,在感染了艾滋病病毒很长时间后,仍能活跃在篮球场上。

"窗口期"
是指感染HIV后到外周血液中能够测出HIV抗体的这段时间,一般为2周~3个月,少数人可达4~5个月,但很少超过6个月。

另外,从艾滋病病毒进入体内,到能检测出人体产生的针对性抗体,尚有一段时间。这段时间称为窗口期,通常为2周到3个月,少数人可达4个月或5个月,但很少超过6个月。在窗口期虽查不出艾滋病抗体,但已有传染性。因此,怀疑感染艾滋病而初筛检查呈阴性者,应在3个月后复查。

二、艾滋病的危害

人一旦感染艾滋病病毒后,不仅身体要承受巨大的痛苦,面临最终发展成艾滋病病人,被夺去生命,而且一旦知道自己感染了艾滋病病毒,心理上也会产生巨大的压力,因为容易受到社会的歧视,很难像患其他疾病那样得到亲友的关心和照顾。同时,其家庭成员还会遭受社会歧视，背上沉重的心理负担，且家庭经济状况也会因失去经济来源、需要支付高额的医药费，而很快恶化。

艾滋病流行，除了让我们面临这一疾病的威胁，也意味着社会经济发展减缓，社会医疗等负担加重，社会不安定因素增多。因为，艾滋病主要侵害那些年富力强的20～45岁的成年人。现在，在一些艾滋病流行比较严重的国家与地区，社会生产力已严重削弱，经济增长速度减缓甚至倒退，人均期望寿命降低，民族素质快速下降，国力减弱。

艾滋病还给社会遗留下大批孤儿。我国某地调查，16.8%的艾滋病病毒感染者有5岁以下的子女，他们的子女在未成年之前将成为孤儿。

此外，因社会大众对艾滋病的恐惧和错误认识，使艾滋病病毒感染者及其家人常常受到不公正的对待，他们被赶出家庭、赶出单位、推向社会边缘。这种歧视很容易引发他们对社会不满，产生报复心理，走上犯罪道路。这些新的社会不安定因素，将破坏社会秩序和稳定。

可喜的是，经过全球防治艾滋病的努力，到2007年艾滋病防控工作开始取得了明显成绩，当年新增艾滋病病毒感染者的数量和死于艾滋病的人口数量都出现了下降，艾滋病的流行状况首次得到缓解。

思考与练习

1. 目前我国的艾滋病流行处于什么阶段？
2. 艾滋病病毒感染者和艾滋病病人有什么不同？
3. 什么叫"窗口期"，有何意义？

第 2 课　艾滋病的传播途径

到目前为止,只发现艾滋病在人类中传播。传染源只是艾滋病病毒感染者和艾滋病病人。病毒主要存在于艾滋病病毒感染者或病人的血液、精液、阴道分泌物、乳汁、伤口渗出液、淋巴细胞、肝、骨髓、心、肾等中。其中,血液和精液中的艾滋病病毒浓度最高。血液传播、性接触传播和母婴传播,是艾滋病传播的三种主要途径。

第2课 艾滋病的传播途径

一、血液传播方式

共用注射器静脉吸毒,是最重要的血液传播方式。

吸毒者早期一般只用口、鼻吸食毒品,随着毒瘾的加重,为了寻求更多、更大的快感,改由静脉直接注射毒品。静脉吸毒者使用注射器时,针头上难免沾上微量血液;同时,吸食者常常会反复抽吸血液,以冲净管内的毒品,血液就残留在针管内。为节约钱财购买毒品,寻求更强烈的刺激,他们还会聚集在一起吸毒。当毒瘾发作时,吸毒者根本顾不上消毒注射器,常常几个人轮流共用一个注射器。如果其中有人已感染艾滋病病毒,吸毒用的注射器就会被污染,病毒便可通过注射器这个"黑中介"进入其他人体内,使越来越多的吸毒者染上艾滋病病毒。

吸毒者成瘾后,往往会丧失理智,常常发生性乱现象。另外,女性吸毒者常会为筹集毒资而卖淫。这些行为特征,无疑加速了艾滋病的扩散,使吸毒者中艾滋病感染率快速增高。我国艾滋病的流行,就是先从周边国家传到云南吸毒人群中,渐渐传播开来的。吸毒后体质下降,身体免疫力差,也为艾滋病病毒的感染和发病创造了条件。毒品与艾滋病病毒相互叠加,加剧了对身体的伤害,常使患者迅速走向死亡。

在我国,非法卖血曾是艾滋病得以扩散的另一个重要原因。河南上蔡县文楼村在新闻中出现时,总是与艾滋病这个名词紧紧地联系在一起。2000年文楼村成为艾滋病重灾区,常可见几家人同时出殡的场景。发生这一惨剧的原因要追溯到1995年前,一些人在贫困农村非法设立单采血浆站。血站卫生状况极差,注射器经常不经过严格消毒就为多人采血。更为严重的是,有些血站把卖血者的血浆提取后,再把红血球输回到卖血人体内。因此,卖血者中一旦有人是艾滋病病毒感染者,就会有大量人群被传染。其传播的速度和范围不再是一传一,而是一传十、十传百,速度十分惊人。

输血或血制品曾挽救过无数生命,但如果血液管理出现漏洞,后果不堪设想。20世纪80年代,法国血库就因被艾滋病病毒污染,导致4000人感染,这就是震惊世界的"法国污血案"。

另外,还可能造成艾滋病血液传播的方式有:使用非正规的医疗、美容机构未经严格消毒的手术、注射、针灸、拔牙、美容、文身等的器械;移植被艾滋病病毒污染的器官、组织;与感染者共用剃须刀、牙刷等。

二、性接触传播方式

现在,性接触传播是全球艾滋病传播的最主要途径,约占90%。在我国,经性接触传播的艾滋病比例正不断上升。

艾滋病病毒感染者的精液、阴道分泌物中含有大量艾滋病病毒。性交摩擦很容易造成性交部位细微的破损,感染者的精液、阴道分泌物所含的艾滋病病毒,便可通过破损处进入对方的血液中。在没有保护措施的情况下,与感染者发生性接触,都可能被感染。性伴侣越多,被感染的危险性就越大。

男性艾滋病病毒感染者中,同性恋者并不少见,尤其

在艾滋病流行初期的欧美国家。由于男性同性恋者的性交方式易造成艾滋病的感染,而且,他们往往并非只有单一的性伴侣,往往与许多同性、异性有着频繁的性接触,同性恋者中传播、感染艾滋病的危险性就更大了。

现在,艾滋病已向一般人群扩散。在性接触传播中,已有75%是由于男女间的性行为造成的。在没有使用安全套的情况下发生性行为,感染者很容易通过精液或阴道分泌物,将艾滋病病毒传给另一方。卖淫嫖娼在艾滋病的传播中起着重要作用。性工作者的性伴侣多、性病患病率高,如果遇到的嫖客中有艾滋病病毒感染者,很容易被传染,然后又在毫无症状的情况下,将病毒传染给其他嫖客。

三、母婴传播方式

如果母亲是艾滋病病毒感染者,在没有采取母婴药物阻断等医学措施的情况下,通过胎盘、分娩过程中的皮肤或黏膜损伤,以及产后的母乳喂养,均可将艾滋病病毒传染给婴儿。这种传播方式,医学上称为母婴传播或垂直传播。

感染艾滋病病毒的婴儿,出生后大多数在3岁以内死亡。幸免存活下来的,也将成为慢性病缠身的儿童和失去母亲的孤儿。

四、日常接触不传播

人类数十年与艾滋病斗争的经验与研究发现,与艾滋病病毒感染者或病人的日常生活和工作接触不会感染艾滋病。艾滋病病毒感染者或病人的汗液、唾液、尿液和粪便中,都不含有或只含有极少量的艾滋病病毒。艾滋病病毒是无法侵入正常健康的皮肤和黏膜的,只有当皮肤和黏膜有破损时,艾滋病病毒才会侵入人体。

所以,在日常生活和工作中,与艾滋病病毒感染者或病人握手、拥抱、礼节性亲吻、共同进餐,以及共用劳动工具、办公用品、钱币等,均不会感染艾滋病。艾滋病病毒也不会经马桶圈、电话机、餐饮具、卧具、游泳池或浴池等公共设施传播。

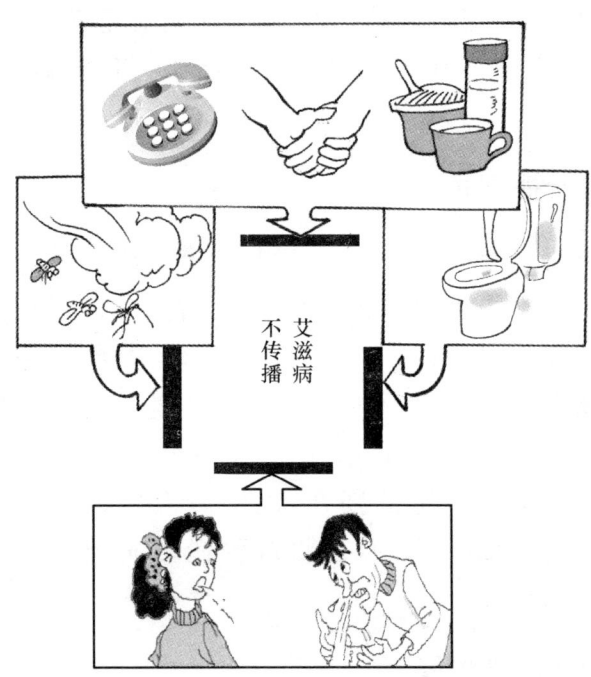

咳嗽、打喷嚏、蚊子叮咬等这些常见的疾病传播行为,会不会传播艾滋病?这是大家最关心的问题。请放

心,也不会传播! 咳嗽、打喷嚏不会传播艾滋病,是因为艾滋病病毒不会通过呼吸道传播,这好理解。而蚊子是著名的传播疟疾、丝虫病等疾病的媒介,它叮咬人后为什么也不会传播艾滋病呢?

这是因为,蚊子在吸一次人血后,需要将它作为食物消化掉,才会再叮人吸血,这个时间大约3~4天。艾滋病病毒在蚊子体内不能复制,存活时间很短。而且,蚊子叮咬的血很少,所含病毒数量更少。目前认为,蚊子只是艾滋病病毒暂时携带者。反过来说,如果蚊子叮咬会传播艾滋病,那么艾滋病的发病就应该有季节性和儿童多发现象,这与事实也不符。另外,从艾滋病开始流行到现在的几千万感染者中,还没有发现有人因被蚊子叮咬而感染的。这些事实也证明,蚊子叮咬不会传播艾滋病。

思考与练习

1. 艾滋病有哪些传播途径?
2. 哪些日常接触不传播艾滋病?

第 3 课　青少年与预防艾滋病

　　艾滋病自被发现以来,以惊人的速度向全球各个国家和地区迅速蔓延,严重威胁着人类的健康与生存,同时也带来了一系列经济与社会问题。无论在国外还是在我国,艾滋病病毒侵袭的主要对象都是青少年,艾滋病病毒感染者中有很多是 25 岁以下的青少年。

　　由于导致艾滋病流行的危险因素广泛存在,当今的艾滋病并不仅仅流行于高危人群,早已悄悄地流行在普通人群中,威胁着每一个人。一旦感染上艾滋病病毒,将从此失去一生的健康。广大青少年不可不知艾滋病的危害,不可不知容易感染上艾滋病的各种因素,必须从知识、观念、行动上筑起预防艾滋病的道道防线。

一、艾滋病病毒侵袭的主体为什么是青少年

　　1. 青少年正处于性活跃期。青春期属于向成年期过渡的关键时期。性发育已经开始,性机能逐步趋于成熟,心理状态也发生较大的变化,正处于性的活跃期和饥渴期,对性充满了好奇和冲动。突发性的性行为相对较多,缺乏经验与保护措施,大大增加了感染性病、艾滋病的风

险。处于性活跃期的青少年,在任何一个艾滋病流行地区都是非常重要的亚高危人群,是性疾病传播的第一群体。在青少年中开展艾滋病预防教育工作,已成为控制艾滋病流行的关键。

2. 性知识和艾滋病知识缺乏。在我国受传统观念的影响,长期以来无论是家长还是学校,对青少年的性教育多采取回避态度。即使有的想讲也不知如何开口、如何讲才合适。虽在中学上过青春期教育课,但受种种因素的制约,教育效果不佳,同学们掌握的知识不够全面,且缺乏性心理、性伦理、性道德方面的辅导,在预防意外妊娠以及生殖保健服务的知识和信息方面也严重缺乏。另一方面,虽然通过不同途径大家接受了一些有关预防艾滋病的宣传,但从整体情况看,对有关知识的掌握程度还相当肤浅,并没有意识到艾滋病正悄悄地潜伏在周围,一有机会将乘虚而入,严重威胁着我们的健康。

3. 性心理、性道德观尚未成熟。由于生活水平的提高和营养状况的改善,青少年的性成熟年龄普遍提前。目前女孩月经初潮平均年龄已提前到了13.8岁,男孩首次遗精的平均年龄也提前到14.4岁,这就意味着青少年从性成熟到正式结婚的待婚期延长,发生婚前性行为的可能性增加了。

青春期的性发育,固然对性行为的启动起到生物学上的催化作用。然而,生理上的成熟并不是导致性行为的必然因素。人类的性行为要更多地受到社会性道德的约束,这是人与动物间最大的区别。但目前日益多元化的社会价值观和开放的性观念,使原有的社会价值体系控制力削弱,青少年更偏向对婚前和婚外性行为持极为宽容或认可的态度。这也增加了婚前性行为的可能性和不稳定性,增加了被性病、艾滋病感染的风险与概率。认可商业性的性行为,认可拥有多个性伴的不成熟性心理、性道德观,更增加了这种危险性。

4. 青少年的不安全性行为相对较多。由于正处于性活跃的年龄,对性有强烈的心理与生理饥渴,同时在学习阶段没有固定的经济来源,不具备良好的、稳固的性交往条件,没有成熟的性心理、性道德观掌控自己的行为,这就容易导致青少年的性伴经常发生变化,或拥有多个性伴,或频繁变换性伴。个别人还会尝试通过商业性的性行为来满足性欲望。这种性对象的杂乱和性滥交,是性病、艾滋病的高危因素,也是导致青少年中性病、艾滋病高发的重要原因。

青少年的不安全性行为,不仅表现在性行为对象的杂乱和滥交上,而且还表现在性行为方式的危险性大上。由于性知识、艾滋病知识的缺乏,以及青少年发生性行为的冲动性、偶然性,多数青少年缺乏自我保护意识,在性行为中不使用或拒绝使用安全套。据对北京市大学生的调查,首次性行为发生时只有9%的人用过安全套。无保护的性行为不仅增大了人工流产的风险,也增大了感染性病、艾滋病的风险。

青少年对社会现象充满新奇感,常常会不分好坏地模仿各种行为,因缺乏辨别能力和自我约束力,会在性活动中尝试一些不洁的性方式,如肛交、口交等。这些不洁的性方式是造成艾滋病传播流行的非常高的危险行为。

二、青少年应成为预防艾滋病的生力军

每年12月1日是"世界艾滋病日"。这一天,党和国家领导人将和卫生工作者、青年志愿者一起,佩戴爱心红丝带,走上街头宣传普及预防艾滋病的知识,来到病床前关心帮助艾滋病病人。为了将预防艾滋病活动进行得扎实有效,每年世界卫生组织还会确定一个宣传主题,如1998年的主题就是"青少年,迎战艾滋病的生力军"。

青少年应成为预防艾滋病的生力军。一方面,因为青少年阶段是人一生最容易接受新知识、新观念的时期;另一方面,他们也最容易受外界的诱惑,面对性或毒品的引诱也最有可能接触到艾滋病的传播途径。

人类的真爱应是专一的,青少年都应该树立正确的性道德观,反对婚前性行为、婚外恋、婚外性行为,避免不卫生、不健康的性行为,同时要提高对性自由、性滥交、卖淫、嫖娼等社会丑恶现象的免疫力。在紧张学习的同时,还要通过学校健康教育课,以及校园宣传栏、报刊、网络等不同途径,有目的地了解性病、艾滋病的基本知识,了解其传播途径和方式,了解哪些行为是会带来危害的不安全行为,学会对自己选择的行为负责。

会带来艾滋病危害的不安全行为,首先是不安全性行为。那什么是安全性行为,什么是不安全性行为呢?

安全性行为,是指既可以减少性活动传播疾病的危险,又能满足性需求的行为。具体包括:① 发生性关系的双方都没有感染性病和艾滋病,而且相互忠诚,都没有和别人发生过性关系,那么他们之间的任何性行为都属于

安全性行为。② 不接触他人的体液（包括血液、精液、阴道分泌液等）或皮肤黏膜的溃疡、损伤等性行为，是安全性行为。比如：一个人进行的性活动（如自慰、性幻想等）是安全的；两个人发生性行为时，如果没有插入性性交，没有体液交换的拥抱、接吻、爱抚等，也是比较安全的。③ 发生性关系时，每次都能正确、全程使用安全套。

我是你们最安全的朋友！

相反，不能正确、全程使用安全套，是不安全性行为；与不了解的人发生性关系，与多个性伴发生性关系，与有多个性伴的人发生性关系，特别是商业性的性行为或与有过商业性性行为的人发生性关系，都是非常危险的。

会带来艾滋病危害的不安全行为，除不安全性行为外还有吸毒，特别是与他人共用注射器吸毒的行为。另外，到不正规诊所打针、拔牙、针灸和做手术，使用没有消毒的器具穿耳洞、文身、美容，与他人共用剃须刀、牙刷，参加地下"血头"的采血活动等，都是不安全行为。

青少年是社会的未来、祖国的希望，虽然还未真正成年，但仍然是社会责任人，有义务为预防艾滋病尽自己的一份力量；应该了解艾滋病，掌握预防措施，并将这些从正规渠道了解的知识和正确的观念告之同伴,共同参与预防艾滋病工作,才能从根本上遏制艾滋病的蔓延。

同伴在青少年成长中扮演着重要的角色,同伴的榜样力量在青少年社会化过程中起重要的作用,同伴间平等、对称、互惠的相互交流,给青少年提供了特殊的学习机会。青少年的行为受同伴这个团体的行为准则影响,是有信任感的同龄伙伴关系,通过人际交流与反馈,可以相互分享生活中有用的经验和信息。同伴教育已经被许多艾滋病预防项目采纳,被认为是能够影响青少年的关键策略。有热情、有能力和有创造力的青少年,应成为预防艾滋病的生力军。

思考与练习

1. 为什么说青少年容易感染艾滋病?
2. 说说你知道的易感染艾滋病的不安全行为。

第 4 课　不歧视艾滋病病毒感染者与患者

　　人类的社会文化行为与社会道德规范有着密切的关系。艾滋病三种传染途径中的两种——性接触、血液感染，都与人类特定的社会文化行为密切相关。

　　在许多国家，性被看成是肮脏的、见不得人的。公开谈论性被看成是下流的，性行为也被认为是危险的。古代将许多与性相联系的疾病或传染病，认为是上天对患者的不道德行为或犯罪行为的惩罚。病人及其家人因此要背负耻辱，被社会歧视、排斥，甚至驱逐。

　　性行为通常都要受到社会的严格规范。多性伴侣、即时行乐的性关系、同性恋，经常被视为是不道德的，甚至是罪恶的行为。最早发现的艾滋病病人，主要是男性同性恋者。由同性恋或多性伴导致的艾滋病，自然就被视为是对不当行为的惩罚。20 世纪 90 年代对艾滋病的宣传，就都采取恐吓政策，宣传片里总有一些比较恐怖的画面，希望借助对艾滋病无药可治的恐惧，重建传统性道德观。

第4课 不歧视艾滋病病毒感染者与患者

吸毒更是大多数社会所不容的行为。吸毒不仅被许多社会视为不道德,也被视为非法。因吸毒(静脉注射毒品)而染上艾滋病,更是被视为罪有应得。

目前社会上,艾滋病已被人们与不道德行为相联系,被社会高度道德化。艾滋病患者被视为是自己行为的不道德,譬如同性恋、卖淫、嫖娼、杂乱性关系、吸毒(静脉注射毒品)才染病,是自食其果、咎由自取。在大众看来,艾滋病是极端个人主义和毫无节制享乐主义的产物。

在众多的艾滋病患者中,有部分人并非由"不道德行为"而染病。对此,社会虽能给予极大的同情,但由于艾滋病的问题已经被社会高度道德化,一提艾滋病,首先进入人们脑海里的符号、意义,便是乱性、同性恋和吸毒等不道德的行为。加之,目前艾滋病没有治疗与预防药物,人们担心与他们接触会受到传染。这些均导致他们难于摆脱社会的歧视和不公平待遇。

虽然艾滋病对人类有非常大的威胁,且目前医学上还未找到治愈的方法,也还没有防止感染的疫苗,但其实艾滋病是一种比较容易预防的传染病。因为艾滋病只在人类中传播,主要通过血液途径、性接触途径和母婴途径传播,日常生活接触不会传染艾滋病。相比许多其他传染病,艾滋病的传播途径要狭小得多,只要改变那些容易感染艾滋病病毒的行为方式,就能有效预防控制艾滋病的流行。

预防艾滋病的措施通常有两个应该遵循的原则:必须明确维护公共健康的需要;必须努力确保艾滋病患者和艾滋病病毒感染者个人不被歧视、迫害和虐待。

艾滋病的潜伏期很长,其感染者在相当长的时期内没有任何症状。感染者要上学,要工作,要看病,要购物,要坐车……要和许许多多人打交道。即使有了症状,病人也不是总住在医院里。如何对待他们,便成为社会许多人要遇到的问题。这些问题既涉及道德问题,也是人权问题。

医生能否拒绝给一位艾滋病病人动手术或看病?护士能否拒绝给艾滋病病人肌肉注射或静脉注射?病人是否有权利知道给他治病、动手术或看牙的医生是不是艾滋病病毒感染者?艾滋病病毒感染者有没有权利上学?家长能否接受自己孩子幼儿园班上有一位艾滋病病毒感染者?当学校校长或老师得知有一位学生是艾滋病病毒感染者时,是否有权利告诉他或她班上的其他同学?一位艾滋病防治工作者有无权利或应不应该通知艾滋病病毒感染者的配偶或性伴侣?等等。这些问题都是在一个很重要的前提下提出来的,即一旦感染艾滋病的病情被

第4课　不歧视艾滋病病毒感染者与患者

公开,他或她就可能要蒙受耻辱,遭到社会的歧视和不公平的待遇,甚至会失学和失业,其家庭也可能受到连累。他们所要承受的痛苦,其实已远远超过了疾病本身。

由于目前还没有治愈艾滋病的方法,感染者或患者一旦知道病情,心理上会有很大的压力,会以不同的态度接受患病的现实。在面对歧视时,有可能产生自卑、绝望、愤怒甚至报复的想法,或出于恐惧不敢暴露检测结果,或延迟寻求治疗加重家庭与社会的负担。当社会对艾滋病病毒感染者和病人,甚至其家庭充满歧视时,他们就会隐匿在社会中,使防治工作难上加难。

大量的历史经验表明,当一个社会充满了歧视和污名化现象,社会就难以安定。因此,歧视不仅不利于预防控制疾病的流行,还会成为导致社会不安定的因素。为了公共健康和利益,要让艾滋病病毒感染者和病人乐于接受卫生防疫部门的检测和跟踪监测,就要为他们创造宽松的生存环境,防止艾滋病病毒感染者和患者受到社会的伤害。消除社会的歧视和污名化,这需要有法律的保护,更需要大众的宽容。

国务院颁布的《艾滋病防治条例》,对艾滋病病毒感染者和病人的权利作了明确规定:"任何单位和个人不得歧视艾滋病病毒感染者、艾滋病病人及其家属。艾滋病病毒感染者、艾滋病病人及其家属享有的婚姻、就业、就医、入学等合法权益受法律保护。""未经本人或者其监护人同意,任何单位和个人不得公开艾滋病病毒感染者、艾滋病病人及其家属的姓名、住址、工作单位、肖像、病史资料以及其他可能推断出其具体身份的信息。""医疗机构不得因就诊的病人是艾滋病病毒感染者或者艾滋病病人，推诿或者拒绝对其其他疾病进行治疗。"为逐步消除歧视，目前，有关艾滋病的宣传已开始改用一些阳光的、比较正面的宣传方式。

现在国家对艾滋病病毒感染者及病人，采取"四免一关怀"政策。"四免"是指，对农民和城镇未参加基本医疗保险等医疗保障制度的经济困难人群中的艾滋病病人，免费提供艾滋病抗病毒治疗药物；所有自愿接受艾滋病咨询检测的人员可得到免费咨询和初筛检测；为感染艾滋病的孕妇提供健康咨询、产前指导和分娩服务，同时免费提供母婴阻断药物和婴儿检测试剂；对艾滋病患者的遗孤实行免费就学。"一关怀"是指，国家对生活困难的艾滋病患者给予必要的生活救济，积极扶持有生产能力的艾滋病病毒感染者开展生产活动，不能歧视艾滋病病毒感染者和病人。

"四免一关怀"政策

第4课 不歧视艾滋病病毒感染者与患者

艾滋病病毒感染者和病人是疾病的受害者,不仅不该受到歧视,还应获得全社会的关心和爱护。家庭和社区接纳艾滋病、乙肝等传染病病原携带者和病人,是人类文明的表现。要为艾滋病病毒感染者和病人营造一个友善、理解、健康的生活和工作环境,鼓励他们采取积极的生活态度、改变高危行为、配合治疗,有利于提高艾滋病病毒感染者和病人的生命质量、延长生命。他们的参与和合作,是艾滋病预防与控制工作的一个重要组成部分,也有利于维护社会安定。

思考与练习

1. 如果歧视艾滋病病毒感染者与患者,可能会产生什么社会危害?
2. 什么是"四免一关怀"政策?

第 5 课　青春期常见的发育异常

青春期发育是每个人都要经历的过程,它包括两个方面,一是组织器官逐渐成熟,二是生殖器官(包括第二性征)的发育成熟。在正常情况下,青少年的生长发育都遵循着一个共同的规律。

一、什么是青春期发育异常

正常的青春期发育,有三个基本特征。一是方向必须正确。就是说,男孩的青春发育必须向正常成年男性方向发展,女孩的青春发育必须向正常成年女性方向发展。例如,如果女孩出现阴蒂的明显长大,或者男孩出现小阴茎,就是不正常了。再如,如果男孩在发育中出现了乳腺的发育,乳房长得像女孩一样,这种情况也是不正常的。

二是发育的时间点要符合常态。正常的青春期发育是有一定时间性的,目前一般认为,性发育开始年龄,男孩在 10 岁左右,女孩在 8 岁左右。假如一个女孩 6 岁来月经,或十七八岁还没有月经,这都是不正常的。

三是发育节奏要符合常态。青春期的发育是有一定

顺序的:女孩通常在9～10岁以后乳房开始发育,约一年后出现阴毛,有1/3的女孩阴毛出现在乳房发育之前,再过1.5～2年月经来潮;初潮之前身高猛增,出现一个生长高峰,以后骨骺闭合,生长缓慢,此时脂肪增多,体重增加,呈现女性体型。男孩的青春期较女孩迟半年左右,一般进入青春期4年内,发育到成人水平。如果进入青春期后,生长发育非常缓慢,这也是发育异常。

只有以上三个方面都在正常范围,青春期发育才能算正常。如果青春期发育在方向性、时间性、节奏速度上,有一方面不是正常状态就是青春期发育异常。

二、青春期常见的发育异常

青春期常见的发育异常主要包括:性早熟、性发育延迟与抑制和性分化异常(即两性畸形)。

1. **性早熟**。是在青春发育年龄期前,男孩或女孩的性器官和第二性征表现出明显的成熟现象。表现为乳房发育,阴毛、腋毛出现,身高体重迅速增长,外生殖器发育,甚至具有生育功能。性早熟以女性多见。

人的生长发育是一个连续的过程,青春期开始的年龄并没有一个精确的界限。目前一般认为,女孩在8岁前第二性征发育或10岁前月经来潮,男孩在10岁前开始性发育,可怀疑为性早熟。但性早熟的诊断需要经过全面的检查。

性早熟是儿童常见的一种内分泌疾病,目前并不罕见,且有增多趋势。性早熟分真性和假性两类。真性性早熟患者的性成熟过程,与生理的性成熟过程相似,仅是因下丘脑—垂体—卵巢(睾丸)轴的功能建立较早而出现早熟现象。真性性早熟90％是体质性(特发性)的,少数为病理性的。真性性早熟患儿因骨骼生长增快、骨骺闭合较早,最后身材较矮,其余完全正常。

假性性早熟,是因内源性或外源性性激素过多、过早刺激靶器官所致。在女孩可表现为乳房长大、月经来潮。多见于卵巢及肾上腺皮质分泌性激素的肿瘤,或儿童误服含性激素的药物。另一种假性性早熟仅表现为某些第二性征出现而性腺不成熟,如乳房发育或阴毛出现,而其他性器官没有变化。这是因为乳房及阴毛等靶器官对内分泌敏感而造成。表现的性征可与本人性别一致或不一致。

性早熟严重影响患儿的身心健康。女性性早熟者更易成为性攻击的牺牲品。出现性早熟现象时应及时诊疗,找不出原因者要定期随访。

2. 性发育延迟与抑制。与性早熟相反,到了发育的年龄,第二性征和生殖器官仍停留在青春期前状态,即女孩到了14岁乳房还不发育或15岁身高尚未迅速增长,男孩到了14岁睾丸还不发育或16岁身高尚未迅速增长,就称为性发育延迟或抑制。性发育延迟与抑制一般多见于男性。

性发育延迟和性发育抑制两者表现相同,但本质上是有差别的。性发育延迟仅仅是发育过程推迟数年,仍能出现正常的青春期。而性发育抑制则是正常的发育过程被阻止,不经适当的治疗就不会出现性发育。有些患者即使经治疗后,仍会存在某些不足。

从年龄上看,性发育延迟的人往往在16～17岁开始性发育,女性最晚延迟到18岁,男性可到20岁。如果超过18岁或者20岁尚未发育,就可能是性发育抑制。

性发育延迟有两种情况。一种是因为疾病影响发育,如患有肺结核、贫血、营养不良等。这是功能性的性发育延迟,只要针对疾病纠正就能追赶上来。目前有些过度肥胖的男孩,由于内分泌紊乱导致性发育迟缓,应引起注意。还有一种是体质性的性发育延迟,往往跟遗传有关系,可能其父母发育就慢些,一旦发育就能达到正常情况。体质性的性发育延迟可暂不治疗,尽可能待其自然发育。但要注意观察,每年检查,并排除器质性疾病。

青春发育是下丘脑、垂体、性腺一系列环节共同作用的结果。如果一个环节出现问题,就会影响到以后的发育,就像自行车链条一样,任何一个链环断了,性发育就会被抑制。

3. 性分化异常。判断男女性别,目前可以从性腺、内外生殖器官、第二性征、丘脑下部、性染色体和社会表现等六大方面进行。正常的女性和男性,这六个方面是统一的。

如果这六个方面不统一,那就出现了阴阳夹杂现象,也就是性分化异常(即两性畸形)。通常表现为,外生殖器官模糊不清,像男性、又像女性;第二性征与性腺不符,即第二性征表现为女性而性腺却是睾丸,或第二性征为男性而性腺却是卵巢。民间俗称"阴阳人"。这是性分化过程中某一环节发生改变,引起这一环节及以下环节连锁反应的结果。

生活中性分化异常的患者是非常痛苦的,心理状态也很复杂。对他(她)们不应惊讶、好奇或议论纷纷,应给予同情、帮助和承认。鼓励患者及早就医,帮助患者进行正常的社会生活。

三、怎样衡量青春期发育是否正常

在生长发育过程中,每个人的外形、生理和心理方面都存在着差别。如果这种差别不超过大多数人的范围,青春期发育就属正常,也就是符合发育规律。如出现身材过高、过矮,发育过早、过迟,体型过胖、过瘦,生长过快、过慢等现象,这类情况就应考虑发育异常。但异常并非一定是病态。

衡量青春期发育是否正常,主要是通过体检和第二性征的检查。一般是以身高判断高矮,以体重判断胖瘦。第二性征主要是观察乳房、毛发、喉结等的发育情况,另外还要看月经和遗精情况。

矮身材可分为外表正常和外表异常两种表现。外表正常的矮小,主要受父母遗传因素的影响,一般不是发育异常。外表异常的身材矮小,多数是因软骨发育不全、畸形及其他疾病所引起的。高身材一般都属于正常,仅少数可能和内分泌、遗传或隐睾等有关。

青少年肥胖,男女都可能发生,以女性较多。多数人的肥胖是吃得多、动得少引起的,少数是因为内分泌异常和其他一些罕见的病症。

第二性征的发育,对男性来说,毛发是性成熟的重要指标之一。青春期开始后,阴毛生出,比阴毛晚1~2年,

腋毛长出,出现胡须。14～15岁喉结增大突起,声音变粗,童音逐渐消失。如果长期保持童音不变,则为发育不正常。

对女性来说,乳房的发育是青春发育的重要指标之一。一般在10～12岁乳晕增大,类似肿块,以后乳房增大和阴毛生长。阴毛稀少或腋毛出现晚一年左右,也是正常的。如果出现"巨乳症"或20岁以后仍无乳房隆起,属不正常。

青春期异常发育,绝大多数都属于体质性的,是由家庭遗传、身体素质、锻炼程度、营养状况乃至所处地理位置的不同引起的,增加营养、加强锻炼及改善环境,可得到改善。但有些是由疾病引起,不及时处理会严重影响身心健康,不能等闲视之。一旦发现青春期发育异常,就要到条件设备比较齐全的医院就诊,力求找出病因,针对病因积极治疗。一般来说,治疗越早、越主动,效果也越好。

思考与练习

1. 正常的青春期发育有哪些基本特征?
2. 如果怀疑自己发育不正常怎么办?

第 6 课　青春期性心理发育

青春期被称为人生的十字路口。它既不同于儿童，又不同于成人，最大原因是性的发育。伴随青春期性发育并逐步完成，青少年心理会发生巨大的变化，特别是性心理的变化：对性的意识由不自觉到自觉，对异性由反感到爱慕，几乎是每个人必经的心理过程。

整个青春期，情绪多动摇不定，容易变化，如果不注意，常会滋长不健康的性心理，以致荒废学业，甚至触犯刑法，走上犯罪的道路。我们应该对青春期的性心理变化有一定的了解，才能成为拥有健康心理的年青一代。

一、青春期性意识发展的四个时期

1. 疏远异性期。青春发育之初，有一段不长的时期，总想远远避开异性，尤其是女孩表现得更为明显。这主要与第二性征的出现有关。此时，青少年会对身体所发生的变化感到茫然与害羞，本能地产生对异性的疏远，甚至反感。

2. 仰慕长者期。青春发育中期，青少年常对周围环境中的某些在体育、文艺、学识以及外貌上特别出众者

(多数是同性或异性的年长者),在精神上引起共鸣,仰慕爱戴、一心向往,而且尽量模仿这些长者的言谈举动,以至入迷。此为性萌发期。处于此阶段的少年,很容易成为追星族的一员。

3. 爱慕异性期。青春发育后期,随着性发育渐渐趋于成熟,青年人常对与自己年龄相当的异性产生兴趣,并希望有机会接触,在各种场合想方设法吸引异性的注意。这是青少年性意识发展中经历时间较长的一个阶段,整个中学时代基本处于这一阶段。从感情上,男女同学不仅不陌生、不疏远、不讨厌,反而有好感,愿意接近,相互都很关注对方发生的事情,自然流露出吸引异性的表现,喜欢在异性面前显示自己,以引起注意。在这段时期,青少年对异性交往以及爱慕之情,常是非常浪漫、不切实际、充满感情色彩的,是非理智的。爱慕的对象常常是广泛的,并没有将情感集中于特定的对象上。

4. 浪漫恋爱期。青春发育完成,已达成年阶段时,渐渐地把对异性的感情,集中寄予于自己钟情的一个异性身上。彼此常在一起,情投意合,在工作、学习中互相帮助,生活中互相照顾体贴,憧憬婚后的美满生活。这时对周围环境的注意减少,女青年常充满浪漫的幻想,向往被爱,易于多愁善感;男青年则有强烈爱别人的欲望,从而得到独立感的满足,心情往往较兴奋。

二、青春期性心理的常见问题

1. 性冲动。由于性器官、性功能的发育成熟,遇到外部性刺激,在青春期非常容易发生性冲动。引起性冲动的条件,男女不同,男性主要是通过视觉和听觉刺激引起的,女性则多是通过触觉引起的。

性冲动多是性刺激和体内性激素加速分泌双重作用的结果。一旦产生并达到相当程度,就会有生理和心理上的紧张,需要用适当方式的性行为来消除紧张,恢复原态。

从生物学角度来说,性冲动是两性结合的基础,出现性冲动是自然现象,是正常的。但人类不同于动物,任何行为都要受到社会道德的规范和法律的约束。对处于学生阶段的青少年而言,一方面由于在青春期易产生强烈的性冲动,另一方面,社会道德和法律又不允许将性冲动用最原始的方式表现出来。这必然产生矛盾与冲突,也就需要用理智的控制和意识的支配来分散性冲动。一是积极投身集体活动,转移注意力,减少外来刺激;二是抵制观看或收听有性刺激的书刊和影像;三是提高自制力,多用理智来驾驭自己的感情。

2. 自慰行为。指在没有异性参与时自我进行的满足性欲的活动,一般有性幻想、性梦和手淫三种形式。

性幻想,是人在清醒状态下,对不能实现的与性有关事件的想象,是自编的带有性色彩的"连续故事",也称做白日梦。多在入睡前及睡醒后卧床的那一段时间,以及闲暇时出现。

性梦,是在睡梦中与异性发生性行为、达到性满足的现象。男性的性梦常有射精(梦遗),一般醒后回忆不起每一个细节。女性的性梦不同于男性,睡醒后能回忆起梦的内容,并可影响情绪和行为。性梦的出现不受意识支配,它是性欲得不到排解,自我压抑,转入梦境,得到性满足的一种生理活动。

手淫,是通过自我抚弄或刺激性器官,产生性兴奋或性高潮的一种行为。手淫在青春期男女均可发生,以男性多见,可释放性能量,缓和性心理紧张。

由于青春期少年性冲动不允许以最原始的方式表现出来,自慰行为的出现就成为正常的、自然的性压力释放方式。但如果经常出现,成为一种习惯,就会影响生活和健康,应引起注意,并加以调节。

3. 早恋。早恋是青春期常见现象。从字面上来讲,所谓"早恋",是指男女恋爱的时间太早,还未到恋爱年龄就开始相恋。判断是否早恋并没有一个统一的标准,大致依据四点:一是生活自立的程度,二是与法定最低结婚年龄的差距,三是性心理成熟程度,四是生理发育的完善状况。

就目前我国的实际情况及社会道德规范来说,中学生谈恋爱都属于早恋。主要原因是:① 中学生学习任务繁重,早恋会分散大量精力,影响学业;② 中学生在思想上、性格上不成熟,情感容易冲动且多变,不善于控制自己,在恋爱时常会感情用事,以致心灵上留下无法愈合的创伤;③ 经济上尚未独立,恋爱的目的是结合成婚,这需要经济上独立、生活上自立,并有能力承担家庭责任。

中学生们显然不具备上述这些条件。因此,应该抓紧时间积累知识,增长才干,奠定人生基础,避免过早陷入情网而分散精力,浪费时光,贻误学习的良机。

思考与练习

1. 青春期性意识发展分哪几个阶段,有何表现?
2. 青春期性心理的常见问题有哪些,如何对待?

第 7 课　应遵循的基本性道德准则

青春期的到来,带来了巨大的性生理及性心理的变化,萌发了对爱情的要求,产生了性的冲动。饮食男女,人之大欲。饿了就吃,吃什么,怎么吃,一般不会引起太大的争议。但关于性的问题,从来就不是个人生活的小节问题,而是一个严肃的社会问题。各个社会都会有很多法律来约束它,有很多道德要求来规范它。

人类社会的性道德,是社会道德渗透到两性生活方面的行为规范,是人们性行为的标准。它是一种社会形态,由羞耻感、义务感、责任感、良心感、嫉妒感、道德感及贞洁感等错综复杂的生理、心理情感调节与制约,并在不同的社会内树立了各自一定的规范。生活在社会大家庭中的我们,不仅要了解自身生理和心理的变化规律,还应学会正确认识和处理个人与社会、个人与他人,特别是与异性之间的关系,加强自身的性道德修养,做一个具有高尚道德观的人。虽然不同的社会,性道德标准不同,但是现代社会有普遍遵循的基本性道德准则,主要包括以下几点。

一是自愿的原则。人类社会性道德最基本的原则是

第7课 应遵循的基本性道德准则

自愿的原则,即性行为首先应该建立在双方自愿的原则上。如违反自愿原则,就构成强奸行为。包办婚姻、买卖婚姻之所以不道德,也因为它们违反自愿原则。以现行的道德标准来说,如果妻子不愿进行性生活,而丈夫加以强迫,也是违反道德的,一般认为是"婚内强奸",在一些国家也构成犯罪。

二是无伤害原则。主要指两人之间的性行为不会伤害其他人的幸福,不会伤害后代的健康,不会伤害社会的安定发展。另外,也有讲究性卫生,使性行为不会损害于自己或对方的身心健康。例如,婚外性行为之所以不道德,尽管符合自愿原则,但违背了无伤害原则,伤害了自己的配偶,伤害了孩子,给社会安定带来不良影响。至于卖淫嫖娼行为导致的性病感染与传播,连累自己的配偶或子女也成为性传播疾病的无辜受害者,更是与无伤害原则背道而驰。

三是爱的原则。性道德只有自愿和无伤害原则是远远不够的。人类之所以区别于动物,就在于人类具有思想与情感,在性活动中具有对异性的,尤其对特定异性的爱情,这已成为人类性道德的重要原则。卖淫与嫖娼,双方均出于自愿,但这是没有爱情的自愿,也是不符合人类性道德原则的。一些人在社会上进行权性交换,由于不符合道德,自古以来都是遭人唾弃。人类的性爱不是单纯的性交,它是性行为中躯体感受与心里感觉的有机融合。为求单纯肉体上的一夜之欢,很难说是性爱,只是一种低级的、冲动型的性行为而已。

四是婚姻缔约的原则。性行为有两个基本功能:获得

快感与繁殖后代。人类性行为的快感一方面源于生理的反应,另一方面也来源于双方因此而产生的相互完全拥有、彻底信任的精神享受。文学家常常将这形象地称为"身体与心灵的完全交融"。要实现这种"身体与心灵的完全交融",是有条件的:即排他性与稳定性。共同生活、绝对信任,这是爱情的归宿,而朝三暮四、同床异梦,总是让人想起苦涩的悲剧。从普遍意义上看,婚姻恰好能够同时实现上述条件,大多数人在追求性行为快感的过程中也选择了婚姻的保障。

作为一种最自然与普遍的方式,性行为是创造新生命的起点。但一个新生命的诞生与成长却需要很多其他条件,婚姻关系为此提供了坚实的基础。婚姻缔约,就是道德规范在法律上的表现。爱情也必须经过法律的程序予以认可,才符合道德原则。

以上四个原则只有统一起来,才能完整、准确地表达出性道德的基本原则。同时,要理解中西方文化的不同、习俗的差异,了解性道德必须立足于国情民情。比如说,接吻、拥抱在欧美国家纯属一般礼仪,通常不含有性的成分,而在我国则带有浓厚的性色彩,是表示男女相爱的一种形式。中学生不应该在异性伙伴之间发生接吻、拥抱行为,这是青春期要懂得的起码的性伦理规范。

我国是一个非常重视道德观念的国家,对于性道德更是十分重视。自觉服从社会舆论和法规的制约,培养自己自尊、自爱的道德情操,就可在人生道路上少走弯路。自尊,就是不容许别人的侮辱;自爱,就是检点自己的言行。应把道德原则化为自己的信念,作为日常生活的准则。

在集体生活中,同学们应形成相互尊重、相互体贴并善于帮助异性同学的风气,并在这种交往中提高自己的自尊、自爱、自重、自强的需求和能力。同时,培养自己的自我克制能力,譬如,在与异性同学的交往中,不开下流玩笑,男女同学单独相处时保持一定的距离。

避免由于朦胧而产生的偏差,控制性冲动,珍惜少男少女的纯洁,培养自己的健康人格,尤其对性诱惑要大胆地说"不"。抵制消极因素,比如抵制黄色书刊的腐蚀,不看宣扬色情、凶杀、迷信的坏书刊和录像等。善于为追求更大的目标而克制自己的感情,譬如遇到自己爱慕的异性时,就要对自己说:学业尚未完成,把爱深深埋在心底吧。

思考与练习

1. 讨论现代人应有的性观念和性道德。
2. 怎样培养自尊、自爱、自重、自强的道德情操?

第 8 课　驾驭性冲动这匹野马

先看看一位男孩小偶的故事。

小偶与同班女孩小颖,既是学习上的竞争对手,又是情趣相投的好伙伴。小颖不仅美丽大方,而且聪明睿智。可最近,小偶对小颖产生了一种很特别的感觉,每天晚上躺在床上,脑子里闪现的全是小颖的音容笑貌。小偶怀疑自己的大脑是不是出毛病了——为什么总会想小颖无穷无尽?

有一次上微机课,班上其他同学都走了,小偶见小颖还在孜孜不倦地操作,就走过去问:"编什么程序呢?""我输入的一个程序调不来了,你来帮帮我吧!"小颖说。小偶顺从地搬了一把椅子坐在小颖身边,共同琢磨起来。

突然,小偶感觉到小颖身上有种奇特的芳香气息扑鼻而来,心打了一个激灵,不由自主地盯着小颖看。这时,从小颖前倾的衣领下边,露出了白嫩的前胸。瞬间小偶的大脑一片空白,下意识中,手猛地一下就触到了小颖胸部。小颖又羞又气,对小偶怒斥:"真没有想到你是这样的人!"说罢冲出微机室。

小偶当即傻了,追悔莫及,不知自己为什么要这么

做。事后,小偶给小颖写了一封信,说太爱她了,一时冲动做了蠢事,请她宽恕,等等。可是,小颖不再理小偶,连看也不肯再看小偶一眼。

其实,性冲动本身并不是一件多么不正常,或多么可怕、无耻的事情。但是,男孩小偶委实犯了一个不小的错误:小偶对自己的性冲动没有很自觉的认识,更没有理智地去克制它,以致它毁坏了与小颖之间美好的友谊之花。

处于青春期的少男少女,在异性交往中,谁也不可能完全从性本能的冲动中解脱出来。它的发生,很大程度上是身体里性激素加速分泌的结果。从生物学角度来说,性冲动是一种生理心理现象。

每当男孩(女孩)听到会激发性兴奋的语言信号,或是看到、触到异性的性感部位,或闻到异性身上的刺激气息,或者脑子里想到有关性的问题,都会通过大脑支配脊髓中的性中枢,而引起性器官的反应。性器官直接受到刺激,也会产生反射性性冲动。

由于男女生理上的差异,在少男少女的交往中,发生性冲动的情况,男孩比女孩的比例高得多。而女孩对异性之间的友谊越是郑重、珍视,就越不可能接受男孩的性冲动表现。如女孩小颖,她对与男孩小偶之间的友谊相当珍重,于是当小偶突然由于性冲动的作祟,而表现出鲁莽而失礼的行为时,她一下子便给激怒了。

虽然女孩性冲动的张力要弱得多,但她们与异性接触时,有时也不可能一点性冲动的意向不发生。然而,她们通常认为男女生之间的感情是纯真的,容不得任何粗鲁的言行玷污而克制住了。这种严肃的人生态度,实在可敬。

如果在青春期性冲动发生过于频繁,必然会影响正常的学习和生活,以及与异性的正常相处。但因为害怕对方或自身的性冲动而从健康的异性交往中逃离出来,采取独来独往的封闭方式显然也是不可取的。如果能从以下几个方面努力,应该可以在男孩女孩之间保持一种纯真的感情和友谊。

1. 代偿转移,淡化注意力。你是否经常独处一隅,想着有关性方面的问题,或者特别留意身边女孩的性感部位,或者经常与同伴一起谈论性的话题?等等。如果回答是肯定的,最好立即"刹车",转而积极投身于集体生活,比如多参加一些体育文娱活动、知识竞赛活动,多观看一些健康的影视节目,特别是与性距离较远或不沾边的节目,如足球赛等,以淡化对性的注意力,转移大脑中枢神经的兴奋中心。

2. 抵制诱惑,净化刺激源。黄色书刊、淫秽的音像制品是精神鸦片,是诱发少男少女冲动,教唆青少年不正当行为的罪恶之源。处于青春期的少男少女,若不警惕,最容易被俘虏。所以,青春期的男孩女孩自觉抵制诱惑,避免看或听有性刺激的书刊、音像,净化身边的刺激源,显得尤为重要。业余时间不妨多读一些自然科学、社会科学或与学习有关的书籍,心思自然就不会走岔。

3. 缓冲减震,弱化冲动欲。恋爱是无比神奇美妙的,它美在神秘色彩与几丝朦胧,具有强大的吸引力和诱惑力,使人渴望与梦想。一对青春期男孩女孩朝夕相处久了,难免日久生情。当一方冲动起来,不能驾驭自己的感情时,另一方最好耐心劝导,婉言回绝,用智慧弱化对方的冲动欲望,让对方恢复理智,冷静面对现实。切不可以态度暧昧,抑或姑息迁就,委屈迎合。

4. 矜持理智，强化自制力。人不可能毫无欲念，但人的冲动是受道德约束的，人的意志完全可以战胜人体本能的欲望。加强自制力锻炼就能克己制欲。一般来讲，一个矜持理智、自制力强的人往往性格开朗，兴趣广泛，积极向上，具有良好的道德素养和比较好的生活节律、习惯，所以即使产生性冲动，也会用自制力加以抑制。

思考与练习

1. 青春期为何易产生性冲动？
2. 说说如何减少和转移性冲动？

第 9 课　情窦初开,切莫匆匆下爱河

美国学者艾迪曾说过:"世界上没有第二件事比性的问题更能激动人心,更能影响人们的幸福。同理,再没有第二个问题,它的内容中充满着愚昧、缄默和谬误,有如性问题那样严重。"

当情人们进入热恋期,两人的情感达到了相当的程度时,他们的亲热举止会越来越大胆、放肆,以致发展为性行为。从生理、心理角度来看,这是正常性行为过程的必然趋势。但是,就社会观点和对爱情的责任感来说,如果没有道德的约束,性行为将成为玷污人类文明的脱缰野马。

人类的习俗和法律,将性行为截然划分为婚前的和婚后的。单从生理状况和心理学的角度来看,这两者完全是同一事物。生理的初步成熟,使人开始萌动性意识、产生需要异性性爱的欲望。然而,这种成熟仅仅标志着一个人的生理机制具有繁衍后代的能力。人类的爱情与性并不是单纯的生殖行为,需要性爱并不等于懂得爱情驱使下的冲动。

在性生理和心理都不成熟之时,过早地撷取爱情之

果是苦涩的,甚至是隐患。爱情之果,在生理真正成熟,性心理相对成熟,能够驾驭性爱的冲动、承担相应后果之后,自然会瓜熟蒂落。

那么,究竟什么时候性心理才算相对成熟呢?这要看他(她)的社会化程度如何。随着年龄的增长,一个人不仅需要学习、掌握生活的技能,还需要了解和适应社会规范等。这个过程就是人的社会化过程。在这个过程中,人逐步变得能够自觉地用社会规范来制约自己的行为。社会化的基本完成,则标志着一个人的心理、理智及性心理已相对完善。所以,在情窦初开之时,应谨慎驾驭情感之舟,切莫匆匆下爱河。

在我们这个社会中,爱情的表达方式是多样的。不可否认,恋爱中非性器官接触的性行为,如亲吻、拥抱、抚摸等,对爱情的发展有着推动作用。虽然爱情包涵身体和精神的相互给予,但如果行为过于开放,则会削弱爱情的神秘感,影响爱情达到更高的境界。如果它超出了社会的道德规范,还会受到不同程度的舆论谴责。

婚前性生活,不仅会有意无意地降低婚后夫妻之间亲密行为的价值,也可因双方了解不全面,一旦发现对方的种种缺点时,由于"木已成舟"只能勉强维持,进而影响婚姻关系。婚前性生活,除会造成过重的思想压力和精神负担,还可能给身体带来危害,如未婚妊娠、流产而引起的婚后不孕与妇科疾病。

因此,在热恋中,对异性在性方面提出的非分要求,既不要如遇猛虎,又不能听之任之。那么,当亲热举止超出两人感情范围之时,又该如何阻止事态发生呢?

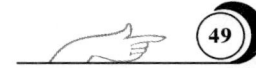

猛地推开对方,或破口大骂,或打对方耳光,都会大大伤害对方的自尊心,造成难堪局面。而你从不想伤害对方,更不想把关系搞僵,可是,事实又无法回避,沉默显然也是无力的。因此,只有正视现实,用你的温柔和理解,去帮助对方恢复理智。可以明确地告诉他,你很理解他此时此刻的心情,并大胆地承认自己也很想这样,因为你也很爱他。但是,现在还不是时候,一则两人感情还未成熟,关系还未最后确定;二则万一受孕,对双方都不利,不要凭一时冲动而造成遗憾。如果对方是一个通情达理的人,这一番良言相劝,一定能清醒明白过来。

如果他不听规劝,坚持要那样做,那么,你便可以声色俱厉地说:"请自重!"同时说,爱情是双方自愿的一种感情融合,任何一方强加于另一方的行为,都是对爱情的亵渎。希望他能保持理智,不要让感情冲动泛滥。假如他不尊重别人,那么他也不能得到别人的尊重。如此一番柔中有刚的话,不由得对方不打消念头。哪怕他当时很不高兴,但许多人事后常会油然起敬。所以,不必害怕当时他的态度。

如果经过上述种种努力,他仍然一意孤行要求做你不愿意的事,并采取各种手段软硬兼施,或者海誓山盟,或者动手动脚,那么千万要警惕:这种人往往仅是被性欲驱使,而无真正情感可言,要设法尽快离开他。与这种人相处,本身就是一种冒险。

如果因一念之差,或主动或被动地与恋人发生了性关系,那么,事后没有必要过多地自责和埋怨。不过,需要冷静地吸取教训,不再明知故犯。

思考与练习

1. 举例说明婚前性行为的危害。
2. 如何避免发生婚前性行为?

第 10 课　无偿献血助人利己

无偿献血,是指公民向血站自愿、无报酬地提供自身血液的行为。经过几十年的不懈努力,世界上很多国家都从过去的有偿献血,逐步向无偿献血过渡,最终实现了公民无偿献血。如德国、日本、瑞士、美国、加拿大等国家都先后全部或基本上实现了公民无偿献血。

一、无偿献血的意义

输血是现代医疗的重要手段,它在临床救治病人的生命中,发挥着其他药物不可替代的作用。全世界每年上亿人次献血,治愈了大量伤病患者。但由于有多种传染病可通过血液传播,如艾滋病、乙型肝炎、丙型肝炎等,所以医疗临床用血一定要从健康的人身上采集而来。为保障血源的质量与供给,在 20 世纪,国际红十字会与红新月会开始倡导无偿献血。

1984 年,卫生部和中国红十字会总会开始在全国倡导无偿献血。1998 年 10 月《中华人民共和国献血法》(以下简称《献血法》)实施,我国的无偿献血事业迅速发展,实现了从有偿献血、义务献血到无偿献血的平稳过渡。

由于观念的影响,无偿献血的良好氛围在我国还没有普遍形成,但自愿无偿献血已为阻断传染性疾病传播,保证医疗临床安全用血,保障献血者与受血者身体健康起到了关键作用。

其实,实行无偿献血,不仅是保障医疗临床用血、保证输血安全的需要,而且是人道主义精神的重要体现,体现了"人道、博爱、奉献"的人性光辉,是人类文明的表现。

无偿献血从其医学意义上说,是救助他人生命。但人的价值中还有比生命更可贵的,那就是人道和博爱。无偿献血行为之所以无比高尚,就因为它体现了人类互助友爱的精神,和对美好的社会关系和生活环境的追求。

二、献血不会伤害身体

输血技术自20世纪发展至今,就已用它的实践有力地说明了——适量献血是安全、无害的。

《献血法》规定,健康的成年人,每次采集的血液量一般为200～400毫升,两次采集间隔期不少于6个月。

血液是有生命的物质,各种血液成分都有其生长发育、衰老死亡的过程。红细胞的平均寿命为120天,血小板为9～12天。正常人人体总血量约占体重的8%左右,一个50公斤重的成人,约有血液4000毫升。献血200毫升,不到全身血量的1/20。同时,骨髓会用比平时快7倍的速度加紧造血,使各种血液成分很快恢复到采血前的水平。献血后不到2小时,血管中的循环血容量即可恢复到原来的水平。

三、献血不会传染上疾病

献血会不会传染上疾病?这是大家十分关心的问题。

请放心,这是绝对不可能发生的事。因为,目前对献血者抽血检验和采血时使用的注射器和采血器材,都是经过国家严格检测合格的一次性采血器材(机采血小板是一套密闭的一次性管路)。每位献血者使用一套新的,用后集中消毒后焚烧。其他的无菌物品是经脉动真空灭菌器严格灭菌后投入使用的,所用棉球是单人份塑封包装灭菌,止血带、垫巾一人一换,敷料镊、缸每4小时更新一次,消毒液开盖3天内有效。采供血作业场所——血站或采血车,整洁、卫生和安全。因此,献血绝对安全,不会感染上血液性疾病。

整个献血过程中,医务人员还要对献血者进行体格检查、化验初筛与咨询,对有吸毒、多个性伴侣和自己知道有疾病的,加以劝阻。采血后的血液复检、分离、储存、发放等环节,也都有质量保证的监督机制。

为保障献血安全和献血者的合法权益,应到国家批准采血的正规血站献血。

四、无偿献血利己惠人

献血后因血量减少,能刺激人体的造血功能,加速血细胞的生成,促进血液的新陈代谢,对预防和缓解高黏血症、降低心脑血管病的发生十分有益。有研究发现,男子献血可减少癌症的发生率。芬兰科学家发现,献过血的人5年后患冠心病的危险比没有献血的人小86%。国外专家对70岁老人的调查表明,过去经常献血的人比未献过血的人寿命要长,各项生命指标也强,定期献血的人比不献血的人年轻,一旦遇到意外事故有较强的耐受力和自我调节功能。

无偿献血的过程,还是一次免费体检,可让你及时了解自身健康状况。同时,献血发放的《无偿献血光荣证》,可在今后若干年内,惠及自己与家人。《献血法》规定:献血者自献血之日起5年内,可凭此报销3倍血量。累计献血800毫升的,10年内可以报销所使用的所有血量;10年后至终生可以报销献血量3倍的血量。献血量满1000毫升的,终生可以报销所需血量。家庭成员如配偶、子女、父母,按献血者献血量等量报销所用血费。一人献血,全家受益。

献血助人利己,只要条件合格,我们就应积极加入到无偿献血者的行列中来。

思考与练习

1. 谈谈无偿献血的意义。
2. 说说献血前后应注意的事项。

高 中

(下)

第 1 课　用《指南》指导日常膳食

随着生活的改善,我们渐渐放弃了世界卫生组织所推荐的中国传统膳食结构,而倾向于吃得过多、吃得过荤,特别是青少年越来越喜欢吃肯德基、麦当劳的快餐了。为纠正中国人不科学的饮食习惯,中国营养学会向公众推出了《中国居民膳食指南》(简称《指南》),并定期根据居民营养状况进行修订,以更好地指导国民"吃好,吃出健康"。新修订的2007年版《中国居民膳食指南》主要有以下内容。

一、食物多样,谷类为主

随着生活质量的改善,人们倾向于食用更多的动物性食物。特别是一些比较富裕的家庭中,人们已经是吃荤多于吃粮,导致能量和脂肪摄入过高,膳食纤维摄入过低。这是一种不利于身体健康的生活方式。各种食物所含的营养成分不完全相同,除母乳外,任何一种天然食物都不能提供人体所必需的全部营养素。因此,必须由多种食物组成平衡膳食,才能满足人体需要,达到合理营养、促进健康的目的。

动物性食物提供的能量和脂肪过高,膳食纤维过低,不利于一些慢性病的防治。以谷类为主的膳食结构,既可提供充足的能量,又可避免摄入过多脂肪,对预防心脑血管疾病、糖尿病和癌症十分有益。

谷类为主的膳食是指:膳食中谷类食物提供的能量达到全部摄入能量的一半以上。一般成年人每天应食用250~400克(5~8两)的谷类食物。

二、多吃蔬菜、水果和薯类

蔬菜与水果含有丰富的维生素、矿物质和膳食纤维。蔬菜的种类繁多,叶菜如青菜,茎菜像芹菜等,不同品种所含营养成分不尽相同。红、黄、绿等深色蔬菜中维生素含量较多,比如西红柿、胡萝卜、绿叶菜等。水果中也含有较多的维生素。如鲜枣、柑橘、柿子和杏等,以及野生水果如猕猴桃、刺梨、沙棘等,都富含维生素C和胡萝卜素。有些水果中维生素及一些微量元素虽不及新鲜蔬菜,但含有的葡萄糖、果糖、果胶等又比蔬菜丰富。另外,薯类含有丰富的淀粉、膳食纤维以及多种维生素和矿物质,也应鼓励多吃。含有丰富蔬菜、水果和薯类的膳食,可以保护心血管健康,增强抗病能力。

三、每天吃奶类、豆类或其制品

奶类是天然钙质的极好来源之一。我国居民的膳食提供的钙普遍偏低,平均只达推荐供给量的一半左右。婴幼儿的佝偻病就可能和膳食钙不足有一定的联系。而补钙可以提高我们的骨密度,让我们长得更高、更结实。现在奶的品种很多,选择余地也大,同学们可以根据自己的口味,选择自己喜欢的奶类制品,做到每天一瓶奶。豆类及其制品是我国的传统食品,含有丰富的优质蛋白质、钙及维生素等,而且现代豆制品加工方法多种多样,口感也不错,还可以防止我们因过多进食肉类带来的不利影响,应该多吃。

四、经常吃适量的鱼、禽、蛋、瘦肉,少吃肥肉和荤油

鱼、禽、蛋、瘦肉等动物性食物,含有优质蛋白质、脂溶性维生素和矿物质。其氨基酸组成适合人体需要,且赖氨酸含量较高,可以补充植物性蛋白质中赖氨酸的不足。动物性食物中的铁元素,更易被身体吸收利用。鱼类特别是海鱼还含不饱和脂肪酸,有降低血脂和防止血栓形成的作用。

肉类有极好的口感,同学们大都爱吃。但要注意的是,不可吃得过多,要适量。食用动物性食物过多,谷类和蔬菜就会吃得不足,会对健康不利。肥肉和荤油是高能量和高脂肪食物,摄入过多往往会引起肥胖,且是诱发高血压、冠心病、糖尿病等慢性病的危险因素,应当少吃。对于肉类食物,提倡多吃一些鸡、鱼、兔、牛肉等,适当少吃猪肉。

五、食量与体力活动要平衡,保持适宜体重

进食量与体力活动,是控制体重的两个主要因素。食物提供人体能量,体力活动消耗能量。如果进食量过大而活动量不足,多余的能量就会在体内以脂肪的形式积存,久之便会发胖,体重增加;相反则消瘦。体重过高或过低都是不健康的表现。

现在,青少年超重现象较普遍。为保持适宜体重,就必须加强锻炼,开展适宜的运动,如快走、慢跑、游泳等。

六、吃得清淡少放盐

吃清淡少盐的膳食有利于健康。不吃太油腻、太咸的食物,少吃油炸、烟熏食物。目前,城市居民的油脂摄入量越来越高,这样不利于健康。我国的饮食习惯食盐摄入量过多,平均值是世界卫生组织建议值的2倍以上。盐的摄入量与高血压的发病密切相关。《中国居民膳食指南》建议,每人每天食盐用量以不超过6克为宜。膳食中的盐除食盐外,还包括酱油、咸菜、味精等所含的盐分。从小养成吃清淡少盐膳食的习惯,将受益终生。

七、吃得清洁卫生

在选购食物时应选择外观好,无污染、杂质,没有变色、变味,并符合卫生标准的食物。包装食品还要查看生产日期和保质期。不吃变质的食物,严格把住病从口入关。进餐要注意卫生条件,包括进餐环境、餐具和供餐者的健康卫生状况。集体用餐要提倡分餐制,减少相互传染疾病的机会。

八、饮酒应限量

人们往往喜欢在节假日、喜庆和交际场合饮酒。高度酒含能量高,不含其他营养素。无节制的饮酒,会使食欲下降,食物摄入减少,导致发生多种营养素缺乏,严重时还会造成酒精性肝硬化。此外,还会增加患高血压、中风等疾病的危险,并可导致交通事故及暴力行为的增加,对个人健康和社会安定都是有害的。所以,应限量饮酒,并严禁酗酒。对于青少年来说,不是限量饮酒,而是不应饮酒,应远离酒精制品。同时,我们还要劝导家人限量饮酒或是少量饮用低度酒。

为更形象化地指导我国居民合理膳食,中国营养学会设计出《中国居民平衡膳食宝塔》图。这个膳食图表,将平衡膳食的原则转化成各类食物的重量,用宝塔形式直观地表现出来,提出了一个营养上比较理想的膳食模式。它共分五层,包含我们每天应吃的主要食物种类和应占的比重。

谷类食物和水位居底层,每人每天应该吃 250~400

克(生重,以下同);每天除了食物中所含的水分外,还要保证分次摄入的水的总量在1200毫升(约6杯)以上。蔬菜和水果在第二层,每天分别应吃300~500克和200~400克。畜禽肉类、鱼虾类、蛋类等动物性食物位于第三层,每天应该分别吃畜禽肉类50~75克、鱼虾类50~100克、蛋类25~50克。奶类、豆类、坚果食物合占第四层,每人每天应吃奶类及奶制品300克,大豆类及坚果30~50克。第五层塔尖是用量最小的油和盐,油每人每天不超过25~30克,盐不超过6克。

此外,新修订的平衡膳食宝塔图还附加了身体活动的形象。建议养成天天运动的习惯,成年人每天进行累计相当于步行6000步以上的身体活动,如果身体条件允

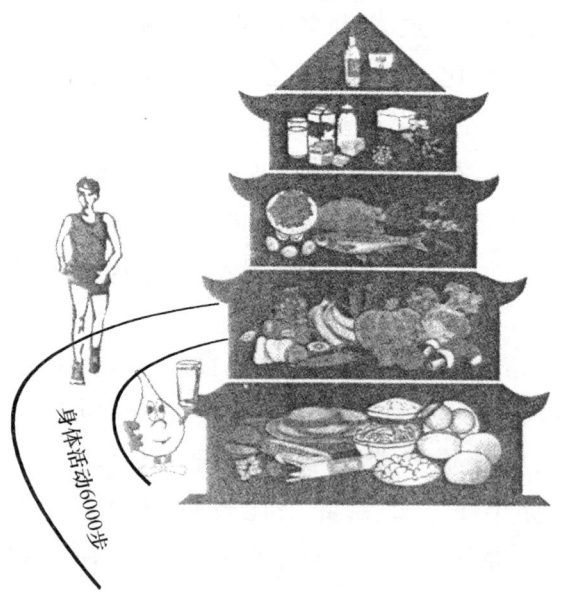

中国居民平衡膳食宝塔

许,最好进行30分钟中等强度的运动。平衡膳食宝塔图有利于我们合理安排膳食,增进身体健康。

思考与练习

1. 对照合理膳食的主要原则,梳理出你平常饮食习惯的合理和不合理之处。
2. 谈谈你对洋快餐的看法。

第 2 课　食品选购小常识

民以食为天,食以安为先。市场上的加工食品越来越多,包装令人眼花缭乱。它们的营养怎么样?安全性怎么样?品质怎么样?如何看懂食品标签?如何选购?这些问题和我们的日常生活与健康密切相关。

一、选购食品的一般原则

当面对眼花缭乱的食品市场,面对推销员过度热情的推销时,请别忘了选购食品的一般原则。

1. 尽量到正规商店、超市和管理规范的农贸市场去购买食品。特别要注意不要购买地摊小贩、无卫生设施饮食店的食品。尽量选购有品牌、有信誉、取得相关质量认证的食品企业的产品。

2. 购买时查看食品的包装、标签和认证标志,尽量索要发票。

3. 慎重购买接近保质期的食品。

4. 不买腐败霉变或过保质期的食品。

5. 不买过于便宜的食品;不买不吃有毒有害的食品,如河豚、霉变甘蔗、发芽土豆等;不买来历不明、畸形的和与正常食品有明显色彩差异的鱼、蛋、瓜、果、禽、畜等；不买可疑的反季节水果、蔬菜等。

6. 对怀疑有问题的食品，不买不吃。不要过分迷信洋食品，近年来，出问题的洋食品屡见不鲜。

二、看懂食品标签

食品标签是食品的身份证和唯一标识。学会看标签并不难，只要掌握"五看"方法就行。

一看认证标识。特别是认准 QS 标识。这是食品质量安全市场准入标识，由"QS"和"质量安全"中文字样组成。有 QS 标识的食品，即意味着该食品符合质量安全的基本要求。目前，28 大类食品已全部实施市场准入制度。另外，还有有机食品标识、绿色食品标识、无公害食品标识等，同等情况下，最好优先选择经过认证的产品。

二看生产日期和保质期。过了保质期的食品不能食用，在保质期之内，也应选择距离生产日期最近的产品。如酸奶的保质期一般是 14 天，即便在冰箱中储藏，其中的有效成分乳酸菌活菌数量都在不断减少，所以最好能够选购距离生产日期最近的酸奶。

三看食品类别。例如，一盒饮料上注明"咖啡乳"，但它究竟是饮料还是牛奶产品？如果标签上的"食品类别"项目注明"调味牛奶"，即指在牛奶中加了点咖啡和糖，而不是水里面加了糖、增稠剂、咖啡和少量牛奶。如果是后者，那么在食品类别上就属于"乳饮料"，那可是和牛奶不一样的。

四看配料表。按法规要求，含量最大的原料应当排

在第一位,最少的排在最后一位。如配料表上写着"米粉,蔗糖,麦芽糊精……"的食品,其营养品质就不会像写着"燕麦,米粉,蔗糖……"的好。

五看营养成分含量。营养是人们购买食品的重要目标。如购买豆浆粉,是为获得其中的蛋白质和其他营养成分,那么,通常蛋白质含量越高的产品越好。

三、日常食品的选购

1. 大米。好的大米,外观看起来透明度好,闻着有米香,其中发黄的米粒较少。而米粒表面呈灰粉状或有白道沟纹的米则是陈米。另外,要看米粒中是否有虫蚀粒。

2. 食用油。色拉油应清澈透明,呈无色或淡黄色。

花生油、豆油、菜油等呈半透明的淡黄色至橙黄色。麻油则呈橙黄色或棕色。花生油在冬天低温时会凝固成不透明状,这是正常的现象。

3. 肉类。质量好的新鲜猪肉,色泽鲜嫩,富有弹性,瘦肉鲜红,肥肉洁白;质量较差的猪肉,感观较差,肉无弹性,肥肉白中带黄;腐败变质的猪肉,颜色暗淡,无光泽,手感湿而发黏,闻之有腐败气味。新鲜的黄牛肉呈棕色或暗红色,剖面有光泽,脂肪为黄色,肌肉间无脂肪杂质;新鲜的水牛肉呈深棕红色,纤维粗糙而松弛,脂肪较干燥。另外,还要注意肉皮上是否有圆形"检验合格"印章。

4. 禽类。新鲜的禽肉切口不整齐,放血良好,切口周围呈鲜红色;表皮色泽微红,具有光泽,微干而紧缩;脂肪呈白色或淡黄色;肌肉呈淡红色,有光泽,弹性好。

5. 鱼类。新鲜鱼保持原有光泽,鱼鳞整齐附于皮上,不易脱落,鱼鳃呈鲜红色,眼球透明突出,鱼肉硬而富有弹性。最好购买活鱼。

6. 蛋类。新鲜的蛋外壳清洁,表面粗糙,用光照射呈透明状;去壳后蛋白清润,蛋黄圆且清晰无斑点。

7. 奶类。正常的奶呈白色,稍有淡黄色彩,煮沸后静置上浮一层奶皮,下无沉淀,无不良气味。

8. 常见蔬菜。番茄:果蒂硬挺且四周仍呈绿色的番茄才新鲜。黄瓜:刚采收的新鲜小黄瓜浓深有光泽,表面一摸有刺。花菜:花球均匀一致,色泽雪白或乳白,头部坚实,花柱细质新鲜。茄子:深黑紫色、具有光泽,且蒂头带有硬刺的茄子最新鲜。香菇:菇伞为鲜嫩的茶褐色,肉质具有弹性,才是新鲜的香菇。刚采的香菇,背面皱褶覆

有白膜状的东西;若此处呈现出茶色斑点,表示不太新鲜。

9. 常见水果。菠萝:要选外形圆胖、坚实且较重、有浓郁果香的果实,避免选表皮暗沉、碰伤、干瘪或有软腐的。草莓:新鲜的草莓果蒂鲜嫩呈深绿色,果蒂四周均应呈鲜红色;若果实还残留白色部分,表示尚未成熟。苹果:若底部泛出青色,表示尚未成熟;敲一敲,如声音不脆,表示不新鲜。香蕉:表皮有许多黑色小斑点,且色泽深黄的香蕉最可口;若表皮青色,毫无斑点,则虽然新鲜但尚未成熟;若表皮已变为黑色,则已变质。

10. 豆制品。新鲜豆腐块形整齐,有豆香味,质地细嫩有弹性,白色或淡黄色;若颜色变暗,有酸味,质地溃散,有黄色液体渗出,都提示新鲜程度下降或已变质。其他新鲜的豆制品都应有固有的色泽,不黏、无酸味、无霉变。

思考与练习

1. 如何看懂食品标签?
2. 如何选购常见食品?

第 3 课　人际交往的原则

人际交往也称人际关系，是指人运用语言或非语言符号交换意见、交流思想、表达感情和需要的过程，是通过交往而形成的人与人之间的心理关系，反映的是人与人之间的心理距离。

人际交往是一种复杂的艺术，要想熟练地掌握社交的艺术，需要多参加各种场合的活动，多进行社会交往的实践，在实践中摸索、总结、提高。认知、情绪及人格因素，都影响着人际关系的建立。改善人际关系，增进人际交往，不仅对心理健康影响重大，而且是一个人生存和发展的必要条件。

一、人际关系变化的五个阶段

人际关系的和谐与否，与个人的为人处世的态度与能力密切相关。而人际关系总是处于不断变化之中，不是变得更好，就是变得更坏，不论是亲情、友情，还是爱情都是一样。人际关系的变化一般可分为五个阶段：接触期、涉入期、亲密期、恶化期及解体期。

1. 接触期。为人际关系的开始。双方第一次见面，彼此打量对方。许多学者认为,通过平均4分钟内的接触,我们可决定是否喜欢对方,是否愿意与对方继续交往。因此,在人际交往中第一印象非常重要。

2. 涉入期。在此阶段,彼此会进一步去相互了解。双方的基本人格特质、人生理念、嗜好、经历、背景在此时会逐渐显现。如果两人相谈甚欢,就可能进入下一个阶段。相反,如果彼此相异点多,则可能逐渐疏远或停留在此阶段。

3. 亲密期。双方有了某种承诺与默契,相聚在一起的时间增多,谈话内容更深入,双方有可能长期维持在亲密期。此时,如一方感到受束缚,或觉得两人关系进展太快,会刻意将双方的关系带回涉入期;也可能经过短暂的亲密期后发生恶化。

4. 恶化期。亲密期因彼此的占有欲过强,导致摩擦与关系恶化;或因环境的改变,双方产生冲突,此时双方关系进入恶化期。

5. 解体期。恶化期使双方产生不舒服的感觉,除非用建设性的方法解决,否则就可能使双方中断交往,进入解体期,双方关系宣告结束。

不同的人际关系,常停留在不同的发展阶段。例如,顾客和商家的关系,通常仅在接触期,而家庭成员则大多处于亲密期。

良好的人际关系必须花时间、用心思、讲技巧地去经营。一般而言,双方在态度、兴趣和观念上的共同点是双方交往的基础,在心理需求上的彼此互补,是增进友谊的重要因素。个人吸引力也是影响人际关系的重要因素,能

力高或有才华的人常常受大家喜欢。人与人关系的建立与发展,还必须有时空上的相互接近,见面次数越多,双方的印象越日益加深。此外,只有双方都得到利益与成长的人际交往,双方才能愿意投入更多的情感,才能得以长久维持。

为培养自身的吸引力,我们应当了解人际关系的基本原则,充实自己的内涵,注意仪表,培养兴趣与专长,锻炼社交能力。

二、人际交往中的原则

1. 真诚守信的原则。主要是指为人处世要言行一致、表里如一。朋友之间,言必信,行必果,只有这样才能得到别人的信任。矫饰、伪装、抑制自己的真实情感与意图,闪烁其词,敷衍搪塞的人,是难以获得真情的。当然,也应该看到社会环境、人际关系的复杂性,真诚是人际交往的第一要素,但并不是唯一要素。对于初涉社会的学生来说,不仅要学会善于表达自己的真情实感,还必须学会善于分辨那些虚情假意的人,一味的单纯和真诚有时是会碰壁、行不通的。孔子说:"唯仁者能好人,能恶人",就是说,"仁者"应有爱憎分明的态度。

2. 尊重平等的原则。平等,是人与人之间建立情感的基础。在班级中每位同学都是其中一分子,大家一起学习,要以平等的姿态交往,不盛气凌人,不高人一等,充分尊重别人,才能形成人与人之间的心理相容,产生愉悦、满足的心境,形成和谐的人际交往关系。因为每位同学的家庭背景不同,生活习惯有差异,学习成绩不一样,会影响大家的交往程度,但对别人一定要坚持尊重、理解、关心的态度,才能建立起有利于自己成长和进步的人际关系。

3. 团结互利的原则。人际交往的一个显著特征是物质和精神的互利,因此有"来而不往非礼也"和"投之以桃,报之以李"的说法。只有单方获得好处的人际交往是不能长久的,但互助互惠并不是等价交换,更不是庸俗的交易,而是一种自觉自愿的相互付出和奉献。交往的双方相互关心、帮助和支持,要考虑双方的共同价值和利益,才能满足共同的心理需要,深化双方的感情。学习是高中生的主要活动,大家在一起或交流学习经验,探讨学习方法,或谈论课外知识,讨论各种问题,启迪智慧,相互促进。《学记》上说:"独学而无友,则孤陋而寡闻",精辟地说明了友谊对于学习的重要性。

4. 相容谅解的原则。现在的同学大都是独生子女,从小因家庭的溺爱,大都会有不肯谦让、不能受委屈、争强好胜或不愿意帮助别人的心理特征。在人际交往中,由于各自成长环境、道德修养、个性特征等存在差异,交往中不可避免地会出现认识不一致或因误会、不理解而产生矛盾。这就要求同学们在交往中做到能包容和理解他人,非原则问题不斤斤计较。所谓"君子和而不同,小人同而不和"。君子,不但有成人之美,更要有容人之德,不仅宽容别人的短处,也要容忍别人的长处,特别表现在别人明显亏待了自己的时候也能以德报怨,求同存异。

第3课 人际交往的原则

思考与练习

1. 举例说明人际关系发展的五个阶段。
2. 在人际交往中应遵守哪些原则?

第 4 课 高中生的心理卫生

我国经济的快速增长,交通的逐步便捷,信息系统的急速发展,人民生活水平的不断提高,使我们的生活紧张而忙碌。伴随着社会竞争的加剧,高中生也面临诸多的心理压力。

一、高中生的心理现状

1. "四多四少"的生活方式影响着高中生的心理卫生。当前,不少地区的高中生们存在着学习时间多,睡眠时间少;电视占时多,户外活动少;模拟体验多,生活体验少;间接体验多,直接体验少的"四多四少"现象。这样的生活方式,容易导致青少年的心理问题。

2. 社会交往的减少影响了高中生的社会化进程。家庭独生子女,以及高楼住户封闭化等因素,使得高中生对社区整体意识淡化,社会交往减少,影响了高中生心理机能的完善和社会机能的健全。因为生活经验等原因,出现了高中生人际关系协调能力弱化和社会适应不良等倾向,存在"社交性自卑、学习自卑和家庭分离感"三大心理障碍。据对1500名中学生的调查,其中"能积极参加集

体活动"的占45％,"对集体活动有兴趣就参加"的占35％,有16％的学生"对别人持不关心的态度"。

3. 自立迟缓使高中生都有生存能力不足的倾向。经济的发展,生活水平的提高,独生子女的成长过程,致使学生的自理、自立、自主、自强能力的培养和生存能力的训练,成了重要的教育内容。据对1500名中学生的调查,"在家常做家务"的只占27％,26％的中学生"对父母依赖性很强";"能检查自己的行为,克服自身弱点"的初中生占27％,高中生占40％,"生活节约,不乱花钱"的初中生占36％,高中生占60％。

4. 高中生身体素质不良伴随的心理问题增多。中学生身体超重和肥胖者逐年增多,2000年全国中小学生的肥胖率为7.5％,2002年上升到10％以上。在高考体检中因为视力限考的占65％,因为身高限考的为13％,因体重限考的为3％左右。因为身体等原因产生心理问题者正逐渐增多。

5. 家庭教育的问题造成了高中生的心理问题增多。当前,我国存在着家庭构成小型化、子女少数化、父母管教能力不适应变化的倾向,导致亲子关系不佳,家庭暴力时有发生,家庭冲突增加而使得家庭教育失败。另一方面,家庭成员两地分居、第二职业、婚外恋等家庭的矛盾、纠葛和冲突,使得家庭的不稳定因素增多。据一些大城市的调查,近年来的离婚率以10％的速度递增,使孩子们感受到家庭分裂的痛苦,他们迫切希望从痛苦中脱身,化解矛盾,调适情感,走向幸福生活。

二、高中生的心理卫生保健

高中生的生活环境、生活方式、学习内容、教学方法和理想追求与初中、小学阶段相比,发生了很大变化。如果不能主动适应新环境,就会产生心理问题。

1. 拥有积极心态,遇事妥善处理。高中生应当培养豁达、开朗、自信的心理品质,树立远大的理想,发挥自己的智慧和才能,勇于克服前进道路上的困难和挫折,不断调整自己、充实自己。要信任自己,把握自己,能够意识到自己的行为要对自己负责,要对他人负责,要对社会负责。学会独立妥善地处理各种事物,正确处理人际关系,虚心礼貌待人,有效地寻找达到目标的方法和手段。

2. 学会调整情绪,勇敢承受挫折。良好的承受挫折的能力,受到挫折后勇于进取、自强不息、百折不挠的精神是成功者不可缺少的素质。没有经历过困难和挫折,就体味不到成功的喜悦;没有经历磨难,就永远感受不到什么叫幸福。高中生要使自己逐渐走向成熟,就要学会调适自己的消极情绪,如困惑、苦闷、烦恼、茫然、灰心、懊丧、怨恨、自卑和自负,努力避免可能发生的消极行为,如嫉妒、冷漠、攻击、固执、依赖、忧虑、逃避、退缩等,才能承受住各种挫折,踏上成功之路。

3. 克服恋旧心理,迈上新的台阶。恋旧是个体需要得不到满足或对新环境不适应,而产生的对过去特别留恋的情绪。刚刚迈入高中时或多或少都会有恋旧心理,但是如果停留其中不能自拔,就会妨碍对新环境的主动适应,从而影响学习。正确的做法是积极、主动、热情地

投入新的生活环境,通过与老师的交往和与同学的接触,建立起新的人际关系,培养真挚的感情,结交更多的朋友。中学阶段是青少年成长的黄金时期,在此期间,每个中学生都需要锻炼自己的能力,如表达能力、理解能力、鉴赏能力、分析问题和解决问题的能力、熟练应用计算机和至少一门外语的能力、自我保护和自我发展的能力以及创新能力等,从而迈上新的台阶。

4. 客观认识自我,学会与人合作。高中生应当会从别人的态度来了解自我,通过和别人比较来认识自我,通过和自己的过去比较来反省自我。对自己愉快接纳,实事求是地对待自己,尽可能发现自己的长处,积极进取,不懈努力;应当克服嫉妒心理,坦然看待他人的才华、成绩、荣誉和特长,拓宽自己的心胸,将心比心,换位思考,树立正确的竞争意识,变压力为动力,奋起直追,努力完善自己;应当排除猜疑心理,学会关心和同情,冷静而客观地观察、分析和思考问题,排除先入为主的假定所产生的心理定势的消极影响,把消极的暗示变为积极的暗示;多与他人交流,严于律己,宽以待人,注意搞好人际关系,团结众人一道进步。

5. 树立远大理想,健全完善人格。学习兴趣是学习活动的重要动力。当对学习真正产生兴趣时,就会产生力求掌握知识的理智感,从而集中自己的注意力,采取积极主动的意志行动,保持良好的心态,提高学习效率。学习兴趣的提高应当通过丰富自己的精神生活,树立远大的理想,培养求知欲和好奇心,制定合适的奋斗目标,并且一如既往地不懈努力去实现。并通过读书明理、陶冶性情、见贤思齐、择善而从等方式加强自我修养,使自己的学识、智慧、才能、理想、信念、性格、气质、世界观、人生观、价值观等向健康的方向发展。要做到内外协调一致,言行始终统一,正确地认识和评价自己和社会,及时调整自己和外部世界的关系,避免认识扭曲、情绪变态和行为失常等问题。

思考与练习

1. 同学们可以经常问自己并进行适当的调节:
(1) 我与人相处会感到轻松、高兴吗?
(2) 我对生活和未来充满信心吗?
(3) 我对自己与人沟通和交往的技能感到满意吗?
(4) 我能意识到自己的异常情绪并加以调适吗?

第 5 课　网络交友弊多利少

　　信息化时代，人们的工作、学习和生活越来越多地依赖于网络。互联网丰富了人们的生活，很多同学都喜欢在网上聊天、交友。使用网络资源能极大地开阔视野，丰富知识，适当的游戏是对紧张学习的放松，有节制的聊天也可以锻炼人的语言表达能力。但是，任何事物都存在其两面性，水能载舟，亦能覆舟。网络交友的危害已逐渐被人们认识和关注。

一、正确对待网络交友

　　时下，网络交友成为人们的一个热门话题。平日里人们津津乐道，私下里也去尝试一下，上至八旬老翁，下至八岁儿童，网上什么样的人都有。看似网络缩短了人与人之间的距离，但实际上人与人之间的距离更加遥远。由于网络的隐蔽性，网络成为犯罪分子活动的最佳场所之一。对于新兴的网络交友应持审慎态度，应以明哲保身为先，万不可惹祸上身。

　　会见网友也是一件正常的事情。网络虽然是虚幻的，但网络同时也是现代人联系交际的工具。同学们一

定要清楚,网络交友跟朋友介绍或者其他现实生活中知根知底的交际方式是不一样的,网友之间缺乏起码的了解。因此,要懂得如何在情感上、时间上自我控制,不要乐过了头,要养成科学的网络生活习惯,才能尽享其中的乐趣。

二、网络交友的危险性

1. 容易使人上当受骗。法国曾披露一件看似不起眼的社会新闻,却激起了轩然大波。事情是,一位年仅14岁的少女,在网上聊天时结识了一位44岁的男友,堕入爱河,并与他一起离家出走。谁知这位男友竟然是一个作案十余起,且屡教不改的狎童惯犯。国内报道,一名14岁女孩到南京会网友,哪知网友当晚竟把她带到一家桑拿场所,并要她在那里做"小姐"。这两条普通的新闻,之所以能够引起社会的广泛关注，就在于它不仅告诉一些涉世未深的女孩，网络很精彩但有危险，更重要的是，它向事实上早已存在，但尚未引起人们充分注意的"网络危险"敲响了警钟。

2. 易造成现实中人际交往的困难。现在，网络成瘾者呈逐年上升之势。常听到同学间相互交流的话语："我已经拥有自己的博客，每天豆瓣都在提示我'谁谁在关注你'，Q群爆了又退了，我的开心网常年处于菜被偷光的状态，我的Facebook已经蓄齐了来自主要国家的朋友，甚至有时我都会半夜上一下网络聊天室……"要知道，在虚拟世界里一切都是假设成立的，如果长期沉溺或过于依赖网络，容易造成实际上的人际交往困难。例如，习惯了在网络上一秒钟内找到"可倾诉的对象"，就会渐渐觉得在现实中交朋友是多么漫长而困难的过程，容易变得不爱在现实中与人沟通。

在网络上和陌生人交流是需要有一定的心理承受能力的，特别对涉世未深的学生来说，网上的即时对话可能是甜言蜜语，也有可能把你带到从来没有接触过的黑暗世界。没有一定的心理承受能力，有可能会改变你对这个世界的看法，而且更为片面。

三、网上交友预防为主

1. 互联网上的交友网站相当多，很多是带色情或低俗内容的，请先选好交友网站才进入，不要什么都不看就进去和人家聊天，更不要糊里糊涂就发一个征友广告。

2. 不要一兴奋就将自己的真实背景全泄露出来。需

要注意保护的信息有：真实姓名、住宅电话、手机号码、家庭住址、银行卡号，或者任何可能让他人直接找到自己的信息。

3. 时刻保持警惕。除非你与对方已长时间交往，并建立了互信，否则不要轻易与对方见面交往。

4. 保持平常心，常常反思自己。你很可能在网上迅速找到了感觉合适的交往对象，但是当你想进一步加深关系之前，想一下交友的过程，并反思自己想要得到什么。尤其是在约见前，请慎重考虑，不要过早过快地投入感情。

5. 请勿轻易委身于人。不管是男生还是女生，如果对方在还没有和你见面或通电话之前就说他爱你，不要天真地以为自己恋爱了。一个人在网上的言谈和现实生活中的言行，往往相差十万八千里。

6. 注意约会见面的安全。如果双方的关系发展到足够互信，且可单独约见的程度，请将约见地点选在公共场所,并告知自己的家人或同学、朋友。控制约见时间,坚持自己回家。你一定要牢记:单独去一个陌生、偏僻的场所和陌生人约见是非常危险的!你不可能通过网络完全了解一个人的真实背景或真正性格,约见时要注意察言观色,以备不测。

思考与练习

1. 谈谈你对网络交友危险性的看法。
2. 网上交友怎样才能保证安全?

第 6 课　认识竞争,参与竞争

物竞天择,适者生存,竞争是生物界和人类社会普遍存在的一种现象。竞争和挫折是我们人生道路上司空见惯的正常现象,我们在生活、工作和学习中,时时处在竞争环境中。竞争本身有良性与恶性之分。要创造良性竞争的环境,培养竞争能力,通过竞争更好地促进创造力的发挥与综合素质的提高。

一、倡导良性竞争

竞争既是人的天性,又是人类进步的动力。良性竞争需要引导和合理的情境设置。公平与合理的良性竞争,有助于促进人的个性发展,最终实现人类的共同发展和进步。

绝对公平的竞争是不存在的。严格意义上的竞争,是指在相同时期内,在相同或相临竞争层面上,双方实力相当或相差不大情况下进行的生存斗争,决非竞争层面跨度很大的、悬殊的不平等竞争。在生态系统的食物链中,似乎更能体现各种形态的竞争关系,如狮子与老虎算是比较般配的竞争对手,处于同一级别,实力相当;而老虎与狼就不算真正意义上的对手,实力不处于同一竞争级别。

　　竞争是有级别的。拳坛上,虽然经常有轻量级拳王挑战重量级拳王而成功加冕的情况发生,如80公斤级挑战85公斤级,85公斤级挑战90公斤级,但如果是56公斤级挑战80公斤级,那就不是竞争比赛,而是找死!市场竞争也是如此,资产几百万或千万的碳酸饮料厂,如果要挑战可口可乐公司,似乎是天方夜谭,因为它们并不构成真正的竞争关系,它的存在不会对可口可乐公司形成任何威胁,简直可以忽略不计。

二、培养健康的竞争心理

　　也许有很多人不知道,在战争中,许多马并不是倒在枪林弹雨中,而是累死在战场上的。因为马有很强的竞争心理,彼此间一直争先恐后地奔跑,直至累死。赛马比赛,就是利用了马的这种心理。

对于每个人来说,勇于面对竞争,敢于迎接挑战,并能善待挫折与失败,这就具有良好的素质。竞争促使人们满怀希望、朝气蓬勃,充分调动生理和体力上的潜能,不断取得精神上和心理上的满足。但是,竞争也容易使人在长期紧张生活中产生焦虑或身心疲惫等问题。那么,在充满竞争的现代社会里,如何才能扬长避短,保持心理健康呢?

1. 正确认识竞争。我们知道,有竞争就会有输赢,就会产生成功者和失败者。你在这次考试竞争中失败了,并不说明你在将来的考试或其他竞争中注定也要失败;你在班级评优的竞争中失败了,并不说明你事事不如人。如果一个人不能承受多次失败,缺少不甘落后的进取精神,没有顽强的毅力和百折不挠的气概,缺乏良好的心理承受能力,很难设想他会获得成功。

如果你在地铁站旁看见一个坐在轮椅中的残疾人,受困于一个仅供正常人使用的楼梯面前,你可能会责备设计师的疏忽。但是你看残奥会上的轮椅篮球赛,就会为一群残疾人坐着轮椅吃力地跑跳摔倒而欢呼雀跃。再看看职业拳击赛吧,优胜者的战绩也是与对手的受伤害程度成正比的。

成功有先后,胜利会迟早,人人都有成功的机会。每个人都应以乐观向上的态度投入竞争,并在竞争中保持良好的合作,要在强盛之后不忘提携幼弱同胞。切不可为争一日之长短,而有损于自己的品德与形象。有一句话值得借鉴:事业上的竞争与做人并不矛盾,良好的品德修养只会在竞争上更加有利于你的全面发展。

2. 客观、恰如其分地评估自己。在现实的竞争环境中,你一定要清楚自己所处的位置,处于哪一竞争层面上,你的真正意义上的对手是谁？游击队虽然有自身优势,但与实力强大的正规军是没有可比性的。找准自己的定位,才能在适合的竞争层面上有所突破。

在制定目标时,既不好高骛远,又不妄自菲薄,要把长远目标和近期目标有机地统一起来,脚踏实地,一步一个脚印地做起,这样才有助于"理想我"的最终实现,真正做到人尽其才,才尽其用。

3. 审时度势,扬长避短。个性发展的结果,很可能会使一部分人在这一特定的领域脱颖而出,而另一部分人则可能成为别的领域中的佼佼者。当然,在竞争中,也有可能有一些人由于发展平平而难以在任何领域中制胜,这不足为怪。一个人的需求、兴趣和才能是多方面的,如果在实践中注意挖掘,很可能会造成"柳暗花明又一村"的新局面,不仅能增加成功的机会,减少挫折,还能为进一步发展打下基础。

总之,在人生的旅途中,会形成各种各样的需要,如生存的需要、自我表现的需要、他人关注的需要、优胜感的需要、成就感的需要,等等。为了实现这些需要,我们就得以健康的心态面对各种各样的竞争。

思考与练习

1. 良性竞争有哪些基本特性？
2. 如何培养健康的竞争心理？

第 7 课　缓解压力,轻装上阵

在人生的某个特定阶段,有许多人都会感到无能为力,完全被某种外力作用所左右了:最近,我们什么力气也没有,什么反应能力也没有,已分不清困扰我们的问题的严重程度了。我们身体感到一种莫名的疲乏。我们失眠了,食欲大减,精神萎靡,于是,我们变得喜怒无常,为一点儿小事就会发作,对那些丝毫没有伤害过我们的人也会大动肝火。我们的种种不对劲使我们自己都感到莫名其妙,觉得有负罪感……

这些不适感的罪魁祸首有一个名字,叫精神压力。这个现象涉及所有人和所有年龄段。但是,精神压力并不是绝对的敌人,它也有好与坏双重性。事实上,没有压力也就没有动力。正是来自寒冷、饥饿与危险的压力,促使人类的祖先去发展对付自然环境的能力,人类才得以踏上进步和文明之路。

一、正确地认识压力

我们生活在一个充满压力的时代,经济和社会的高速变化已经使我们无暇享受平静和快乐。或许你会想

到,很多理由告诉自己不得不承受很大的压力,但是事实上无论外在如何变化,也不论学习和生活情势有多么糟糕,在相同环境下我们总能够看到,有些人始终能表现出平静与自信,有些人却一直承受着压力,情绪失控、缺乏信心。

生活中压力无处不在,压力本身就是生活的一部分。压力并不是一种情绪,而是人对发生在他周围或在他身上的事物的一种反应。学习生活阶段的压力主要有学习、考试、成绩排名、同学间或师生间的关系等产生的压力。人们常说"有压力才有动力",适当的压力是有好处的,它可以给人以振奋,促进学习注意力的集中,提升学习的动机,引发正向情绪(如兴奋),增加成功后的成就感等。但不适当的压力或者过度的压力,往往会带来负面影响甚至破坏性后果,例如造成思维僵化,产生恐惧与逃避的心理,引起情绪与行为失控等,长久有压力还会导致身心疾病。因此,同学们需要调适自己,正确面对成长过程中出现的各种压力,找到一个平衡点。

二、正确对待压力的心理机制

人类和动物一样,生来就有一个对付压力的警报系统,目的是在面临危险时,帮助我们抵抗或逃跑。在人类进化初期,用这种"抵抗或逃跑"的方式对付压力是可以的,但社会发展到今天,所面临的危险已不那么明显和简单,而是多重的、持续不断的、常常是含混模糊的压力,要对这些压力作出立时反应往往是不可能的。因此,培养正确对待压力的心理机制,有助于帮助缓解压力。

1. 正确评价自己,不要过高要求自己。个性发展的重要前提之一是正确认识、评价自己。对自己有正确的认识,做自己可以胜任的事情,对自己有个合理的预期和评价。这是在发展过程中逐渐培养起来的。高中阶段的学生由于自我意识具有复杂性与多维性,这就需要在多维度中审视和调整自我,寻找自我意识的统一点,整合自我意识,向理想自我靠近。

2. 培养独立的人格,减少他人评价的影响。认识自己的价值,明确应该坚持什么、反对什么,有明确的是非界限,不人云亦云,不被周围所左右。本质上,并没有任何所谓的压力,压力只存在于自我的意识之中,当你不再用外在状况来进行认知,这个时候你就会发现其实真正的自己是没有任何压力的。

三、缓解压力的方法

精神紧张、压力增加是现代人的通病。不过,不必焦虑不安,有些行之有效的方法能缓解精神负担。法国玛丽·波雷尔所著的《缓解压力60种方法》提供了一系列针对性的建议,可帮助你有效面对和解决日常生活中所遇到的问题,使你保持精力充沛,不妨可借来一阅。内容主要有:

1. 暂时忘却法。一场重要的考试前,你可以去深度地感受一下究竟是"谁"感受到了压力。你或许会说:"当然是我自己了!"如果此时此刻忘记你所认为给你带来压力的外在状况——考试,请问你是否还感受到压力?也就是说,压力的来源在于我们在意识中抱有关于外在状况,或者已经发生过的事情的不好感觉。当你可以放下用意识来认知的时候,无论外在发生了什么你都可以感受到真正的平静与自信。

2. 交流沟通法。与人交流是释放压力的有效途径,交流的过程也是自我反思的过程。通过与他人交谈,及时倾诉自己感受到的无助和不快,获取心理支持,增强自信心。

3. 利用各种社会支持。任何心理成熟的独立的现代人,都需要他人的帮助,广泛的社会支持是缓解压力不可或缺的途径。从没有利益冲突的第三方寻求心理支持,家人、同学、老师是社会支持网络的重要组成部分。

缓解压力

总之,当人遇到压力时应学会转化压力,以暂时抛开现实压力的负荷。短暂卸下现实繁重的压力,让自己稍微喘一口气,以备有足够的力量来应付下一次的挑战、竞争及各种压力。

思考与练习

1. 如何培养正确对待压力的心理？
2. 你常用的缓解压力的方法有哪些？

第 8 课　面对挫折,战胜挫折

人生逆境,十之八九,人总会遇到挫折。人们在遇到挫折时,由于挫折的类型、大小、产生的原因不同,人们对它的认识与体验,以及它给人们身心健康造成的影响也不同。客观存在的挫折以及引起的原因也不断在改变。中学生更应该根据挫折的变化及其各种特点去认识它们,评价它们,采取相应的对策,这样才能驾驭不断变化的挫折,才能有利于青少年的身心健康。中学生正处在人生的转折点上,培养一种良好的心理素质,正确面对挫折,对今后挑战人生来说尤为重要。

一、准确理解挫折的特性

有近 60% 的中学生不明确挫折的正确含义和产生的原因,认为"挫折等于失败",这其实是不正确的。挫折是人们由于某种动机的推动在达到目标的道路上,遇到无法克服的阻碍时产生的紧张状态或情绪反应。

特性一:普遍性——挫折是无处不在的;
特性二:多样性——挫折是多种多样的;
特性三:双重性——挫折是一把双刃剑。

挫折对于庸人来说是绊脚石,使之却步不前;挫折对于智者来说是垫脚石,使之站得更高。

二、挫折造成的影响因人而异

挫折是每个人都难以避免的。在相同的挫折情况下,因各人的主观感受不尽相同,由此产生的影响和结果也不一样。法国大文学家巴尔扎克说过:"世界上的事情永远不是绝对的,结果完全因人而异。挫折对于天才是一块垫脚石,对于能干的人是一笔财富,对于弱者是一个万丈深渊。"

胡萝卜、鸡蛋和咖啡豆被煮熟前后状态的变化,可代表遭遇挫折的三种常见心态转变:煮三锅开水,分别把胡萝卜、鸡蛋和咖啡豆放进锅里,同时煮 15 分钟,15 分钟后观察三种物品的性质变化。胡萝卜由硬变软,可代表原来是健康强壮的心态,但面对挫折后变得软弱、自卑;鸡蛋由流动状变为凝固状,可代表原来是内心善良、敏感的人,但面对挫折后变得麻木、冷漠;咖啡豆溶入了水里,可代表碰到挫折时能够坦然、宽容面对,改变水的颜色,可代表积极改变挫折。

中学生在小挫折中往往会意志消沉,精神不振,继而形成大的失败。生活中不乏这样的例子:高二的王同学,学习成绩一直比较优秀,高二分班后,她希望自己同样能保持学习上的领先地位。但是"强中更有强中手",第一次月考中,她的物理成绩却是班上的倒数第五,这一打击使她感到非常失望,从而产生退学的念头。

其实造成这种结果的原因与个人抱负水平和挫折容忍力有关。抱负水平即对自己的期望值,挫折容忍力即个人承受环境打击或经得起挫折的能力。挫折容忍力低的人遇到轻微挫折时,就消极悲观,一蹶不振,甚至行为失常。具体而言,挫折容忍力与生理因素、认识压力因素和社会经验这三种因素有关。例如,身体强壮的人比体弱多病的人更能容忍挫折。再如,两个学生都与老师打招呼,老师没有反应。由于认识上的不同,一个学生可能认为老师是瞧不起自己,另一个学生则可能认为老师在思考问题。

不能经受挫折的危害主要有以下几种情况:一是不能顺利适应社会生活,遇到挫折灰心退缩,缺乏进取精神,缺乏克服困难的勇气;二是会导致不良的性格特征和行为方式;三是由于不断体验心理紧张和消极情绪,常会导致心理失常,引发多种精神疾病;四是可能引发违法犯罪行为,甚至自杀。

三、用心理防卫机制面对挫折

无论是外在或内在因素所造成的挫折,都会使人情绪上陷入一种紧张、恐惧、抑郁的痛苦之中,此种情绪状态称为焦虑。产生焦虑后,为了对抗、减轻或摆脱困扰,建议使用以下一种或几种心理防卫方法来保护自我。

1. 文饰心理。为减少或免除因挫折而产生的焦虑,保持自尊,而对自己不合理行为给予一些合理的解释,使自己能接受它。例如,吃不着葡萄说它是酸的;得不到的东西,说自己不喜欢,等等。

2. 适当辩护。找一些冠冕堂皇的理由为缺点作适当的辩护。例如,偶尔一次考试失败,明明是自己的疏忽大意,却怪老师题出得太偏,评分不公正等。

3. 逃避心理。对已发生的事实加以"否定",认为它根本没发生过,以减轻或逃避内心的痛苦,即"眼不见为净"。

总之,社会上的万事万物,无不在曲折中前进。中学生平时必然会遇到些挫折,但我们仍要在坎坷中磨炼自己,正确面对挫折,分析问题,战胜挫折。我们应该坚信,不论风雨多大,乌云多密,它们终归会过去,曾经被它们遮住的阳光,终会灿烂。

思考与练习

1. 不能正确面对挫折有哪些危害?

2. 你在学习和生活中遇到过哪些挫折,是怎么度过的?

第 9 课　合理地宣泄与倾诉

　　进入高中阶段,随着我们的生活、人际交往圈逐步扩展,我们接触学校、社会的人和事也不断增多。但是,由于心理发展还很不成熟,尤其是对自我情绪的把握不够,这成为制约我们追求更高、更快发展的瓶颈。我们渴望更多地了解一些心理(如情绪)方面的知识,希望能更好地驾驭自己,掌握一些克服消极、不良情绪的有效方法。在此基础上,选择正确、恰当的方式表达情绪,以免伤害他人。并学会关爱他人,理解他人的情绪感受,以利于建立融洽的人际关系。因此,根据个人的情绪变化特点,合理宣泄不良情绪,主动调控情绪,保持积极、良好的情绪状态,克服消极情绪,确是当务之急。这就要求我们要正确认识情绪,把握自己情绪变化的特点,学会合理地宣泄与调控自己的情绪,培养和保持乐观的心态,追求高雅情趣的生活。这些都将有利于我们顺利地度过这一"心理冲突"时期,保持健康的心态,培养健全的人格。

一、学会合理宣泄

　　遇到不良情绪时,通过合理的宣泄痛痛快快地表达

出来,是排除不良情绪的积极方式。现实生活中宣泄的方法很多,人与人因个体差异和所处环境、条件各异,采用宣泄的方式也不尽相同。一般来说,主要有这么几种:

1. 哭。哭是人类的一种本能,是人的不愉快情绪的直接外在流露。在适当的场合哭一场,可以让不良情绪随着眼泪释放出来,对消极情绪起到缓解作用。

2. 喊。当有不满情绪积压在心中时,可以到空旷的地方去大喊几声,也可以放声歌唱,吼几声,发泄心中的一股怨气。

3. 动。打打球,散散步,跑两圈,对着沙袋或墙壁痛击一阵,也可以参加一些重体力劳动,这样一来就可以把心理上的负荷变为体力上的能量释放出去,气也就顺些了。

但是合理宣泄不等于随意地发泄、放纵、任性、胡闹。后者是一种心理品质不良的表现。如果不分时间、场合、地点随意发泄,如生气时别人劝慰你,你把人家大骂一顿，这不仅不能调控好不良情绪，还会造成不良的后果。总之，我们都要做情绪的主人，当喜则喜，当悲则悲。在遇到发怒的事情时，一思发怒有无道理，二思发怒后有何后果，三思是否有其他方式替代。这样，就可以变得冷静而情绪稳定。

二、学会转移自我

当需求受阻或者遭到挫折时，为控制住不良情绪，我们可以有意识地转移注意力，把注意力从引起不良情绪反应的刺激情境转移到其他事物或活动上去。这一门课没考好，可争取在另一门课上取得好的成绩。可以到野外郊游，到深山大川走一走，回归自然，荡涤一下胸中的烦恼，清理一下浑浊的思绪，净化一下心灵的尘埃，唤回失去的理智和信心。或做一些自己平时非常感兴趣的事，如摆弄摆弄花草树木，拿出笔纸写写画画，到河边钓钓鱼，听听音乐，和朋友一起打打球、游游泳，也可以读读小说、看看书报杂志等。这样，紧绷的神经就可以松弛一下，不良情绪常常可以得到减轻或排解。

三、学会控制自我

在陷入不良情绪时，要主动调动理智这道"闸门"的力量，控制不良情绪。当你将要发怒的时候，可这样来暗示自己："别做蠢事，发怒是无能的表现。发怒既伤害自己，又伤害别人，还于事无补。"又如，当在学习中感到急躁厌烦时，可以自言自语："不要急躁厌烦，急躁厌烦无济于事，只会有害无益。只有刻苦用功，坚持不懈，才能取得成功。"这样你就有可能心平气和,安静下来。

四、学会改变自我

学会改变对引起不良情绪的事物的看法,以改变我们的不良情绪。不良情绪的产生,通常是由于我们只注意到问题的负面或暂时困难的一面。如果换个角度,把注意力集中到问题的正面或光明的一面,我们就会看到解决问题的希望,从而乐观、自信起来。比如,某同学在一次期中考试时,把本属自己强项的英语考砸了,回家挨了父母的批评。按正常情况,该同学应情绪低落,"为什么自己的强项考砸了呢?"可该同学却是这样做的:先将试卷认真分析了一下,发现自己没有考好的原因主要在于粗心。然后该同学在此基础上得出,"原来我还是很棒的。只要改掉粗心习惯,我一定会更优秀。"这位同学的做法就是"改变"。

五、学会合理倾诉

当你不愉快或遇到不良情绪时,如果不能自我排解、自我疏导、自我调节,不要自己生闷气,而要找人倾诉,要学会倾诉。把自己积郁的消极情绪向亲人、老师、同学和朋友倾诉出来,以得到他们的同情、开导和安慰。正如著名哲学家培根说过:"如果你把快乐告诉一个朋友,你将得到两个快乐;如果你把忧愁向一个朋友倾吐,你将被分掉一半忧愁。"

你的亲人、老师、同学或朋友会开导你,可能会建议你不妨用"阿Q的精神"调适一下心理,营造一个祥和、豁

达、坦然的心理氛围;或建议你在一些非原则性的问题上难得"糊涂"一下,这无疑能避免不必要的精神痛楚和心理困惑。他们或许会告诉你,痛苦和不快是一种穿肠的毒药,对于这些麻烦事的快速健忘,是避免情绪波动最直接有效的方法。他们还会建议你,遇事不过分强求,烦恼就少,心理压力就小,有时得用随遇而安的心境去对待生活,这样你将拥有一片宁静清新的心灵天地,就能将不良情绪转化为积极情绪。

他们更能帮你分析产生不良情绪的原因:一些不良情绪的出现,常常是因为不能正确评价自己造成的。既不要高估自己,也不要低估自己;既不因为自己有某些长处而骄傲自满,也不因自己的某些短处而自卑自责。

阿 Q 精神

在倾诉中你将获得安慰和理解,会减少烦恼,把那些痛苦、烦恼、忧郁、气愤等消极的情绪,化为自己采取积极行动的推动力,努力争取改变不如意的状况。即将受挫折的不良情绪引向崇高的境界。你可以将一次考试成绩不好的伤心难过或将受人批评的不服气化做奋起直追、改过自强的决心与积极行动的动力。这样的事例不胜枚举,如著名文豪歌德在失恋后,把失恋的情绪能量升华到文学写作中,写出了名篇《少年维特之烦恼》。这就是把受挫折的不良情绪引向了崇高的境界。再如,司马迁在遭受奇耻大辱的宫刑后,把全部精力放在了著述《史记》上,终成一代史学大师。

但是,合理的倾诉是有度的,不是无理的纠缠,是建立在对挫折有着理性的思考和判断基础之上的。通过合理有度的倾诉,迅速排解不良的情绪,将不良的情绪对自己的影响和干扰降至最小,是保持良好情绪状态的有效措施之一。

思考与练习

1. 怎样来排解学习、生活中遇到的不良情绪呢?
2. 如何通过合理倾诉来自我调节情绪?

第 10 课 考试时期常见的心理问题与应对

人一生是在考试中成长。高中生经历的考试有：期中考试、期末考试、会考、高考等。在考试前和考试时，很多同学会有紧张、焦虑等情绪，其主要表现是精神高度紧张，心神不定，心情烦躁，注意力分散，思维迟钝，出现反常遗忘，还通常伴有失眠、头脑昏沉、心悸气短、食欲不振、消化不良等不良生理反应。尤其在考试时，有的人还会出现恐惧、紧张、手足无措、心慌意乱、面色苍白、出虚汗、恶心、呕吐、拉肚子、频繁小便、脑中一片空白等情况，甚至发生晕厥。这就是我们常说的考试综合征。

一、心理状态对考试的影响

无论参加何种考试，考生在考试前后的心理状态调节得好与坏，对其考试结果、身心健康都有很大的影响。现已有研究表明，考试可造成机体免疫功能下降，其中紧张、焦虑因素起着重要作用。另有研究表明，考试成绩与考前情绪状态有关，成绩好者可能有较好的自我心理调节能力及心理素质。有关的研究还表明,考生掌握知识与运用知识解决问题的水平是考试成功的硬件,是考试成功的基础;考前与考时的心态则是考试成功的软件,是考试成功的关键。因此,越接近考试,考生的心态调节越重要;考试成功的硬件与软件在考试中同等重要,缺一不可。

二、考试焦虑情绪产生的原因

考试焦虑情绪产生的主要原因有:① 个体心理素质不稳定或心理承受能力欠佳,多见具有神经质性格或神经过分敏感的人,他们有产生考试焦虑的倾向。② 由于家长和老师对考生的期望值过高,或考生对自己的要求过高,超过了考生力所能及的程度,导致考生心理压力过大,精神过度紧张和疲劳,唯恐考试失败。③ 对考试的信心不足,过分看重考试结果,自卑心理严重。④ 学习方法不科学,用脑不科学,对考试的准备程度不充分。⑤ 考试科目对自己来说很难,以往有考砸的经历。⑥ 生活不规律,考前连续"开夜车",过度疲劳,造成不良的身心状态。

三、调适考试焦虑的方法

考试焦虑是考生参加考试的大敌,必须加以克服。以下调适考试焦虑的方法可供同学们参考。

1. 考试前

(1) 正确看待考试。考试焦虑多由于对考试结果过分关注和担忧,因此给自己心理造成巨大的压力。所以要以平常心对待考试,将考试看成一次普通的作业,并非

不重视，而是从容不迫地应对这种紧张的智力活动。

（2）学习和休息合理安排，以轻松的情绪调节生活。人的大脑需要有张有弛、劳逸结合。考前的复习应讲究高效率，而不是磨时间、打疲劳战。一旦发现复习效果欠佳时，最好到外面去活动身体，这是保证复习效率的有效方法。同时要保证充足的睡眠，睡眠是消除脑力劳动所造成的疲劳和恢复精力的最好方法。因此，在考试前夕，要注意用脑卫生，不要把自己搞得精疲力竭。只有充足的睡眠和休息，才能使你的大脑清醒、敏捷，从而提高复习效率。不要睡得太晚。睡前不要过多地谈考试之类的事情，也不要看一些过于兴奋的电视电影；可以听听音乐，聊点无关的话题或者散散步。此外，每天最好安排适当的时间做些放松性的活动，使自己的心情轻松一些。比如和同学一起进行一些体育活动或做一些轻松愉快的游戏。

（3）复习充分,是降低紧张焦虑情绪的有效途径。可根据自己的个性特点,用科学的方法,制定复习计划,每复习一遍就作一次记录。

（4）适当做些考前的心理准备活动,放松紧张情绪。如闭上眼睛,做几个深呼吸,使心情平静下来。

（5）要有充足的信心和勇气。既要相信自己,又不要给自己定过高的分数指标。"我一定要考班级或年级的前几名!"这样的想法并不科学。这是绝对化的思维方式,看起来好像决心很大,实际上并不可取,只能给自己增加过重的心理压力。正确的想法是:告诉自己,尽力把自己最高的水平发挥出来,而不是一定要考第几名。

（6）如果要到外校考试,可以事先熟悉考场的路线和位置,并提前将考试当天所需要的准考证、文具等需要带的东西准备好,放在最显眼的地方。

2. 考试时

（1）注意力集中。考试时的注意力应集中在解题的过程,不要想考试的结果。

（2）应先易后难。遇到难题时,可在心里面说一点积极的话:"没关系,这道题我先放一下,后边还有我会做的。"

（3）把握好时间。适当看看考试进行的时间,但是不要看得过于频繁。

（4）学会调节。对于估计自己考试会紧张或者已经紧张的同学,可以采用松弛、想象、暗示等方法,来调节考试时的紧张心理状态。考生可以根据自己的特点,适时恰当选择一二。

松弛训练法:微闭双眼,身体坐正,全身放松,有意识地使呼吸减慢,用腹式呼吸的方法,慢吸慢呼,让"思想"随着气流上下。这样,情绪就会很快平静下来,紧张也会随之解除。

愉快想象法:考生可以想象,自己在考试中已经取得了优异的成绩,心里有一种说不出的喜悦,通过这种想象来消除紧张心理。考生也可以回忆一件令自己十分愉快的往事,使自己超脱于考场的紧张气氛之外。

自我暗示法:可用简短、有力、肯定的词语反复默念,"我的能力很强","我一定能考好","我一定会胜利"。只要选择以上任何一句反复默念5～10遍,以自我暗示的方法来稳定情绪,可能排除紧张。

此外,做一些小动作,如搓一搓脸,揉揉头皮,做几次深呼吸等,对消除紧张焦虑情绪也有一定作用。也可自

备一些清凉油、风油精放在鼻前闻一闻,然后伏在桌子上休息片刻。这样可以避免晕倒或虚脱的发生。

以上方法,使用的时间不宜过长,以免影响考试时做题的时间。

3．考试后

（1）一门考试结束后,最好不要与同学讨论答题的对错,以免影响后面的考试。

（2）成绩出来后,要正确对待分数。

如果有比较严重的考试焦虑的同学,建议主动找心理咨询老师,或由家长陪同去找心理医生请求帮助,必要时可接受药物治疗和心理治疗。

思考与练习

1．你在考前和考时有哪些心理问题,你是如何应对的？

2．调适考试焦虑的方法有哪些？